Christiane Rücker

Schattenspiele zum Licht

Autobiographisches

Verlag PETER ERD · München

Umschlaggestaltung: Barbara Klauer

Printed in Austria
ISBN 3-8138-0154-3

Mit Dank an Silvia,
meinen »guten Geist«,
ohne den dieses Buch
sicherlich
niemals Gestalt angenommen
hätte.

oṁ ajñāna-timirāndhasya jñānāñjana-śalākayā
cakṣur unmīlitaṁ yena tasmai śrī-gurave namaḥ

Ich wurde in finsterer Unwissenheit geboren, aber mein spiritueller Meister hat mir mit der Fackel des Wissens die blinden Augen geöffnet. Deshalb erweise ich ihm meine achtungsvollen Ehrerbietungen.

Śrī Guru Praṇāma

Inhalt

1

Wer zur Quelle will,
muß gegen den Strom schwimmen.
alte indische Weisheit

Aufbruch nach Indien

Endlich saß ich im Flugzeug! In der PAN AM, die von New York kommend in Frankfurt zwischengelandet war. Als ich dort in die Linienmaschine zustieg, waren die Plätze schon fast alle besetzt. Vorwiegend von indischen Familien auf ihrem Weg in die Heimat. Viele der Passagiere waren traditionell gekleidet, die Frauen fast alle im farbenfrohen Sari. Wie die Inder es fertigbrachten, derartige Unmengen von Handgepäck in die Maschine zu schmuggeln, wird mir ein ewiges Rätsel bleiben.

Alles um mich herum vermittelte bereits indische Atmosphäre, mit buntem orientalischen Flair, geschäftiger Unruhe und ständigem Kommen und Gehen. Als wir schließlich mit reichlicher Verspätung in Richtung Neu-Delhi abhoben, atmete ich erleichtert auf, lehnte mich zurück und begann langsam, mich zu entspannen, um all den Streß der letzten Wochen mit der Hektik vor dem Abflug mehr und mehr abzustreifen. Ich war auf meiner ersten Reise nach Indien!

Ich versuchte mich zu sammeln. Weder mich durch das konstante Kindergeschrei aufzuregen noch den sonstigen Lärm als störend zu empfinden. Versuchte einfach alles loszulassen, was mit der anspruchsvollen Prägung oder Auffassung von Ordnung unserer deutschen Zivilisation zu tun hatte. Zum Eingewöhnen in die für mich noch fremde Lebensart war das eine gute Übung, gerade wegen und trotz meiner immer noch heftig vibrierenden Nerven.

Allmählich wurde es etwas ruhiger. Viele der Fluggäste lasen. Manche in prächtig eingebundenen Büchern. Nach einiger Zeit kramte auch ich mir meine *Bhagavadgītā* aus dem Handgepäck und versuchte mich auf die Texte mit den Erläuterungen Shrila Prabhupadas zu konzentrieren, was mir nicht sofort gelang. Die *Gītā* ist in dieser Ausgabe in wenigen Jahren zu einem Weltbestseller geworden und inzwischen in über 40 Sprachen übersetzt. Allein von der deutschen Ausgabe erschien bereits die 7. Auflage; sie war damals schon seit geraumer Zeit meine favorisierte Lektüre.

Neben mir saß ein Inder mit weißem Turban, dem Zeichen seiner Sikh-Zugehörigkeit. Er sprach mich im typischen Indisch-Englisch an. Es schien ihm irgendwie suspekt zu sein, daß sich eine Europäerin in westlicher Reisekleidung ausgerechnet dieses vedische Weisheitsbuch, das *Heilige Buch der Hindus,* als Lesestoff auserkoren hatte. Ich erklärte ihm lachend, daß ich die Verse im originalen Sanskrit natürlich nicht lesen könne. Versuchte zu vermitteln, was mich bewogen hat, in dieser Hindubibel mit wachsender Begeisterung zu lesen. Ob es mir allerdings gelang, ihm meine Einstellung glaubhaft darzustellen, kann ich nicht sagen. Er schien aber immerhin von meiner Ernsthaftigkeit überzeugt zu sein. Und später, kurz vor unserer Landung in Delhi, gab er mir seine Visitenkarte mit der aufrichtigen Einladung, seine Familie und ihn doch zu besuchen, sollte ich einmal nach Bombay kommen. Mit einem der üblichen Flugzeugflirts hatte das sicherlich nichts zu tun. Er war einfach ehrlich beeindruckt, von einem ›Westener‹, einem *mlecchā* (kulturlosen Fleischesser), wie fromme Inder uns geringschätzig zu bezeichnen pflegen, und noch dazu von einer Frau etwas über Verwirklichungen der vedischen Philosophie zu hören.

Je mehr wir uns Indien näherten, das ich von Photos und Beschreibungen her schon recht gut zu kennen glaubte, mit seinen Tempeln und Moscheen, seinen *āshramas* und geheiligten Stätten, desto gelassener wurde ich. Meine innere Heiterkeit nahm in dem Maße von Stunde zu Stunde zu, wie meine äußere Aktivität lähmender Müdigkeit wich. Und ich machte mir auch schon gar keine Gedanken mehr, ob alles mit den Anschlüssen klappen und ich zum geplanten Zeitpunkt mein vorläufiges Ziel im westbengalischen Mayapur wohlbehalten erreichen würde.

Eigentlich hätte ich ja schon vor einer Woche mit einer Gruppe diese Pilgerreise antreten sollen. Und bestimmt wäre dieser erste Trip in Gesellschaft für mich in jeder Hinsicht einfacher gewesen. Aber ich konnte nicht mitfliegen, weil ein lukrativer Auftritt als Gast einer Automobil-Repräsentations-Gala, der sich noch im letzten Moment vor Reiseantritt ergeben hatte, mich ein paar Tage länger in Frankfurt festhielt. Ich hätte eine hohe Gage ausgeschlagen. Meine spirituell geführte Lebensweise hat mich ja nie daran gehindert, nach wie vor als Bühnen-, Film- und Fernseh-Schauspielerin tätig zu sein.

Shri Krishna, der vor etwa 5000 Jahren in Indien auf unsere Welt herabkam, hatte für die Bewältigung der einem zugedachten Existenz allgemeingültige Regeln aufgestellt. Ebenso wie ja auch Christus erklärt hat: »Gebt dem Kaiser, was des Kaisers, und Gott, was Gottes ist.«

Jenes Honorar sollte, ebenso wie all die anderen Gagen, die mir meine Agentin und Freundin Ruth seit nunmehr über 20 Jahren durch ihre vortreffliche Vermittlertätigkeit ermöglichte, vor allem einem guten Zweck zugeführt werden: Ich war nämlich seit kurzer Zeit damit beschäftigt, den Förderverein »Goldener Lotus« zu gründen, und ich hatte vor, mich mit ganzer Kraft in den Dienst dieser Sache zu stellen, und das mit aller Ernsthaftigkeit. Schon damals opferte ich gern jede freie Minute diesem aus Überzeugung gewählten *Bhakti-Yoga-Dienst.* »Bist du jetzt ganz verrückt geworden?« war die Reaktion der wenigen Freunde, die davon erfahren hatten und meinen Bewußtseinswandel noch nicht so recht nachvollziehen konnten. Worauf ich nur mit den Achseln zuckte und erwiderte: »Wenn es verrückt ist, endlich einen tieferen Sinn im Leben zu erkennen und danach zu handeln, dann bin ich gerne verrückt!« Obgleich mir manchmal, das muß ich allerdings zugeben, meine Unbeirrbarkeit in dieser Hinsicht selbst ein Rätsel ist.

Wunderbar war dieser Sinneswandel schon deshalb, weil ich mich dadurch auf dieser ersten Reise zu einigen der geheiligten Stätten und Plätze Shri Krishnas und Seiner unzähligen Erleuchteten und Heiligen befand.

Neun Stunden sollte der Flug bis Delhi dauern. Danach hatte ich mich vom internationalen zum nationalen Flughafen der Millionenstadt zu begeben, um mit einer Propellermaschine der indischen Fluglinie nach Kalkutta zu gelangen. Dann, so war mir eingeschärft worden, sollte ich die letzte Strecke bis zum *āshrama* in Śhridhāma Mayapur, das ungefähr 100 Kilometer nordwestlich von Kalkutta liegt, mit einem Taxi zurücklegen.

Ich reiste mit leichtem Gepäck. Mein Koffer mit den notwendigsten Dingen für solch eine dreiwöchige Reise war aufgegeben. Und eine Tasche nebst meinem Beautycase mit allem, was eine westliche Frau glaubt, brauchen zu müssen, hatte ich als Handgepäck bei mir. Auf sämtliche Requisiten, die in unseren Landen – schon aus Imagegründen notwendig sind, hatte ich bewußt und gerne verzichtet. Nur für die »Hygiene«, Augentropfen und Kontaktlinsenzubehör sowie Sonnenschutz, hatte ich Sorge getragen. Sicher ist sicher, dachte ich. Und auch einer meiner Saris war dabei, den ich vor zwei Jahren in Wien, noch vor meiner *Hari-nāma*-Einweihung, während eines Engagements am Theater in der Josefstadt, beim Ausverkauf in einer Indien-Boutique neben einigen anderen wunderschönen Baumwoll- und Seidensaris erstanden hatte.

Es war mir nämlich geraten worden, mich vor der Ankunft in Indien meiner europäischen Kleider zu entledigen und mich in einen Sari zu wickeln. Also verschwand ich vor der Landung für kurze Zeit, um diese Verwandlung vorzunehmen. Was natürlich prompt die Verwunderung meines indischen Nachbarn neu belebte.

Ich hüllte mich allerdings nicht nur des ungewohnt heißen

Klimas wegen in dieses indische Gewand. Man würde, so war mir vielmehr erklärt worden, im Sari nicht so leicht als Fremde identifiziert und ginge deshalb möglichen unangenehmen Situationen von vornherein aus dem Wege. Drei Wochen Ferien in meinem Traumland lagen nun also vor mir! Und auch wenn das Programm auf eine besondere Weise bestimmt recht anstrengend sein würde, war es für mich doch ein ganz bewußter Aussteiger- und Alternativ-Urlaub, den ich mir, der reizvollen Angebote meines Berufes wegen, zunächst gar nicht so leicht hatte abtrotzen können. Meine geliebte Ruth war letztlich doch davon zu überzeugen, mir diese Wochen im März 1983 von sämtlichen Terminen freizuhalten. Ihre einzige Sorge war, daß ich krank werden könnte.

Sie kannte mich gut genug. Hatte die Wandlung vom gefragten »Busenstar« der 60er Jahre zur seriösen, wenn auch komödiantischen Bühnenschauspielerin miterlebt und voll unterstützt. Und nun hatte sie auch noch einen weiteren »Imagewandel« an mir erleben müssen. Denn ich war ja nach meinem völligen Zusammenbruch – auf den ich an anderer Stelle noch näher eingehen werde – von 1979 an immer mehr zu einem neuen spirituellen Bewußtsein erwacht und hatte diesen Wandel an mir für Außenstehende so kraß vollzogen, daß viele meiner alten Freunde ebenso wie die Familie zunächst etwas vor den Kopf gestoßen waren. Diese Veränderung zu einem bewußteren, stark religiösen Denken und Handeln – als *Bhakti-Yoga*-Praktizierende, mit all den daraus resultierenden Konsequenzen war auch für meine mir sonst so verbundene Agentin anfangs ziemlich unverständlich. Erst allmählich konnte sie nachvollziehen, wie ernst es mir mit meiner geistigen Wandlung und den dadurch hervorgerufenen Veränderungen war.

Doch nicht nur das. Auch sie hat inzwischen durch meine mentale Umpolung tiefgreifende Denkanstöße erhalten und in ihr Verhaltensmuster integriert. Sie kennt die vedische Philosophie und weiß daher einiges über die Anwendung der esoterischen Psychologie. Was ihr unter anderem dazu verhalf, ihre hartgesottene rigorose Agententätigkeit mit neuem Bewußtsein und etwas verändertem Blickwinkel zu bewältigen, und sie empfindet mehr endlos milde Nachsicht und Geduld für ihre nervenaufreibenden Schäfchen.

Jeder von uns trägt den Kern der Transformation zum höheren Sein in sich.

Es ist mir jedenfalls gelungen, nicht nur meine Agentin davon zu überzeugen, wie ernst es mir mit meiner inneren Wandlung und der Aufgabe ist, die mir von meinem spirituellen Lehrer erteilt wurde. Er hat mich nämlich angespornt, meinen prominenten Status im deutschsprachigen Raum dafür zu benutzen, eine sinnvolle effiziente Wohlfahrtseinrichtung aufzubauen. Und so galt mein Sinnen und Trachten schon bald der Aufgabe, den Förderverein »Goldener Lotus« aktionsfähig zu machen, auch wenn ich mit dieser Aufbauarbeit, die ja neben der Ausübung meines Berufes getan werden mußte, noch reichlich am Anfang stand.

Der ganze bürokratische Aufwand mit all den Bestimmungen und Auflagen bei der Gründung wollte erst einmal bewältigt werden. Und meine erste Indienreise sollte so etwas wie eine Vorarbeit zu diesem karitativen Projekt sein. Ich hatte nämlich vor, mir in Westbengalen einige bereits bestehende Hilfsprojekte anzusehen, um mich dann zu entscheiden, welcher dieser Organisationen ich mich mit meinem Verein anschließen wollte.

Weil ich während des Fluges einfach nicht schlafen konnte – ich war viel zu überdreht –, las ich weiter in meiner *Gīta.* Ich kann mich immer wieder aufs neue an den weltklugen transzendentalen Dialogen ergötzen, die Shri Krishna mit Seinem Freund und Schüler Arjuna, der aus einem berühmten indischen Fürstengeschlecht stammt, führt. Wie Er ihn mit sprechenden Beispielen und Seinen erhellenden Gleichnissen über die Erfordernisse belehrt, damit er zu einer erhabeneren spirituellen Einstellung irdischen Belangen gegenüber kam und im Sinne des Karmagesetzes von Ursache und Wirkung richtig handelte. Irgendwann hörte ich aber mit meiner Lektüre wieder auf, es strengte mich zu sehr an, ich konnte mich nicht mehr konzentrieren. Ich fing an darüber nachzudenken, was ich eigentlich von diesem Land im fernen Asien, das nach China das zweitgrößte Land der Welt ist – auch was die Einwohnerzahl von fast 700 Millionen Menschen betrifft – weiß: Ich weiß gerade noch, daß es sehr lange unter der Oberhoheit der britischen Kolonialmacht und unter englischer Verwaltung stand, daß es erst 1947, nach einem intensiv geführten Kampf für Freiheit und Unabhängigkeit unter Mahatma Gandhi, dem religiösen Führer der *ahimsa* (Gewaltlosigkeit), ein freier demokratischer Staat mit Parlament und eigener Verfassung geworden ist, einer »modernen« Verfassung, die das bisher geltende strenge Kastenwesen ebenso wie die Witwenverbrennungen und Kinderehen ablehnt und unter Strafe stellt. Bekannt ist mir auch, daß der Großteil der Inder Hindus sind. Der Hinduismus ist die älteste der Weltreligionen und hat unzählig viele verschiedene Aspekte. Nach der Abspaltung Pakistans bei der Gründung des Staates gibt es nur noch zehn Prozent gläubige Moslems in Indien. Der Rest der Bevölkerung sind Buddhisten, Sikhs, Jains, Christen und Parsen. Ferner weiß ich, daß der Vielvölkerstaat Indien ein Agrarland ist, das vor allem Baumwolle, Seide und Kautschuk für den Export anbaut. Daß die Menschen größtenteils sehr arm und das Land nach westlichem Standard »unterentwickelt« ist. Diesen Zustand aber ertragen die Inder geduldig, weil sie ein sehr frommes religiöses Bewußtsein besitzen und sich den Lehren der hinduistischen Religion viel tiefer verpflichtet fühlen als wir Abendländer unserer christlichen Lehre. Welcher getaufte Christ folgt schon strikt den Geboten des Evangeliums, das Christus, der Religionsstifter, so überzeugend und liebevoll gelehrt hat?

Auch Rabindranath Tagore, der aus Westbengalen stammende Dichter und Nobelpreisträger, ist mir ein Begriff. Erst als seine Verse ins Englische übersetzt wurden, begann sein Ruhm. Vorher war die religiöse Philosophie und die Poesie seiner freiheitlichen Gesänge in seiner Heimat von vielen verkannt worden. Da er schon 1941 seinen Körper verlassen hat, konnte er die Unabhängigkeit des neuen indischen Staates nicht mehr miterleben.

Die Namen einiger großen indischer Erleuchteter sind im Westen bekannt, sie stehen sogar im Lexikon. Sie hatten von ihrem Yogameister jeweils den Auftrag erhalten, vor allem nach Amerika zu gehen, um von dort aus die Menschen unserer Hemisphäre bei ihrer Suche nach Selbstverwirklichung durch Meditationsformen und einer neuen Spiritualität auf ihrem Weg zurück zu Gott behilflich zu sein.

Namen wie Vivekananda, der von Ramakrishna gesandt worden war, oder Paramahansa Yogananda gehören ebenso dazu wie später noch Muktananda. Sie alle waren in diesem Jahrhundert zu verschiedenen Zeiten zuerst nach Amerika gekommen, um in Suchenden, die noch nicht völlig dem agnostischen Existentialismus und geistlosen Materialismus verfallen waren, ein neues Bewußtsein zu erwecken. Die Yogaformen, *mantras* und Meditationen, die sie lehrten, waren verschieden, aber die Weisen hatten alle das gleiche Ziel: Sie wollten ihre Zuhörer auf die vergessene Spiritualität aufmerksam wachen und das Gottesbewußtsein aktivieren. In den letzten Jahren sind die östlichen Lehren, die die Menschen zu einer neuen geistigen Sichtweise führen wollen, auch bei uns im Westen auf fruchtbaren Boden gefallen und beeinflussen schon, wenn auch noch unterschwellig, das Massenbewußtsein. Die Weisheiten waren einstmals esoterische Regeln für nur auserwählte Eingeweihte, sollen aber nun zum Allgemeingut werden, um einen Bewußtseinswandel der Menschen in unserer so gefährdeten Zeit einzuleiten. Jeder kann mit diesem Wissen, der Lehre der Seelenwanderung oder Wiedergeburt mit ihren ethischen Regeln von Ursache und Wirkung sowie einer vegetarischen Ernährung, sein Christus- oder Krishna-Bewußtsein in einem Reinigungs- und Läuterungsprozeß selbst weiterentwickeln. Auch der von mir vor allen anderen so verehrte Meister A.C. Bhaktivedanta Swami, der gemäß der *Vaishnava-Etikette* »His Divine Grace« von seinen Anhängern »Shrila Prabhupada« genannt wird, war im Jahre 1965 mit dem großen inneren Auftrag, Krishna-Bewußtsein im Westen zu erwecken und die

Lehren der vedischen Philosophie in reiner Form zu verbreiten, im Alter von immerhin 72 Jahren nach Amerika aufgebrochen. Mit einer freien Schiffspassage und nur wenigen Dollars in der Tasche begann er in New York, in einem neu gegründeten Ladentempel, durch das Chanten des »Hare Krishna *mahā-mantra*« und durch sein leuchtendes Vorbild und seine Vorlesungen die vedische Kultur zu verbreiten. Schon ein Jahr später gründete er die inzwischen weltweit verbreitete Internationale Gesellschaft für Krishna-Bewußtsein (ISKCON).

Ich selbst wurde 1980 auf diese Bewegung aufmerksam. Ich fühlte mich damals, nach dem Studium einiger vedischer Schriften, in dieser spirituellen Vereinigung sofort wohl und wie »zu Hause«. Und das war auch der Grund, warum ich in das Mutterland des 1977 verstorbenen Shrila Prabhupada flog, um dort als von einem seiner Nachfolger eingeweihte Schülerin des *Bhakti-Yoga* und des praktizierenden Krishna-Bewußtseins einige der indischen Zentren, Tempel und Pilgerorte zu besuchen.

Endlich nach neun Stunden Flug ohne dramatische Zwischenfälle – glückliche Landung in Delhi! Als ich die Gangway hinunterstieg und das erste Mal in diesem Leben indischen Boden betrat, war mir ganz seltsam zumute.

»Du bist angekommen!« dachte ich merkwürdigerweise. Und trotz meiner Übermüdung, ich hatte ja nicht eine Sekunde schlafen können, war ich irgendwie euphorisch (ein Zustand, der übrigens noch tagelang anhalten sollte), und befand mich in einem gleichsam schwebenden Zustand.

Aber die Wirklichkeit mit all ihren »realen« Notwendigkeiten holte mich rasch wieder auf den Boden der Tatsachen zurück: Ich mußte mich mit meinem Koffer, den ich in dem Gewühl auf wundersame Weise auf einem der Förderbänder gefunden hatte, der endlosen Schlange anschließen, die geduldig vor dem Zollabfertigungsschalter anstand. Als ich nach langem Stehen und Nachrücken endlich an der Reihe war, konnte ich sehen, wie wenig begeistert der steifbeinige Zollbeamte, der noch nach britischem Drill zu funktionieren schien, sich im Zeitlupentempo durch all die Formulare und Papiere wühlte. Und obwohl ich bei solchen Anlässen immer noch gegen meine temperamentvolle Ungeduld ankämpfen muß, übte ich mich in stoischer Gelassenheit und ließ mir, genau wie alle anderen, nicht im mindesten anmerken, was ich von dieser Arbeitsweise hielt.

Aber ich war nahe dran, meine Beherrschung zu verlieren. Ich merkte nämlich mit Entsetzen, daß ich durch die unglaubliche Bummelei dieses Beamten möglicherweise meine Anschlußmaschine nach Kalkutta versäumen würde. Sie sollte vier (!) Stunden nach unserer Landung auf dem nationalen Flughafen starten. Und diese vier Stunden waren fast vorbei! Aber mit Gottes Hilfe gelang es mir irgendwie, schließlich einen der Scooter zu ergattern, die regelmäßig zum anderen Flugfeld zockeln. Und obwohl ich doch sehr in Eile war und eigentlich hätte gestreßt sein müssen, erlebte ich diese erste kurze Begegnung mit Delhi trotz meiner Erschöpfung mit wacher Aufmerksamkeit. Ich ließ die neuen Eindrücke dieser Märchenwelt klopfenden Herzens auf mich wirken. Es wunderte mich eigentlich nicht sonderlich, daß ich die Anschlußmaschine nach Kalkutta doch noch rechtzeitig erreichte. So lernte ich, den Nutzen der »fahrplanmäßigen« indischen Verspätungen von Verkehrsmitteln jeglicher Art von vornherein im richtigen Licht zu sehen. Im Flugzeug gelang es mir sogar während des fast vierstündigen Fluges bis zur Hauptstadt Westbengalens, eine Weile zu meditieren. Und trotz meiner Hoffnung, damit auch meine lahmen Kräfte wieder zu mobilisieren, verfiel ich in eine todesähnliche Bewußtlosigkeit von etwa zwei Stunden, aus der ich, obwohl total schlaftrunken, doch soweit erholt wieder auftauchte, um auch die bevorstehende lange Autofahrt nach Nordwesten einigermaßen wach durchzustehen.

In Kalkutta bekam ich meinen Koffer sehr viel schneller als in Delhi. Es gab keine weiteren Formalitäten mehr.

Es schien, als hätte man mich erwartet. Denn kaum war ich mit meinem Gepäck am Taxistand angekommen, um mich umzusehen, kam auch schon ein etwa 40-jähriger Bengale auf mich zu, der mir ehrfürchtig seinen Namen nannte und mich in holprigem Englisch fragte, ob ich die *matajī* (das Mütterchen) sei, das er nach Śridhāma Mayapur zum ISKCON-*āshrama* fahren solle. Und er nannte mir, quasi als Codewort, auch gleich noch den Fahrpreis für die zirka 100 Kilometer. Und weil die genannte Summe umgerechnet jene 100 Mark ausmachten, die man mir in Deutschland als Fahrpreis genannt hatte, war ich einigermaßen sicher, beim richtigen Fahrer gelandet zu sein.

Inzwischen, nach mehreren solcher Reisen, bin ich auf dem Flughafen schon recht gut bekannt und werde vom Flughafenaufseher höflich betreut. Und meist fahre ich auch die Strecke weiterhin mit Hadip, dem netten Taxichauffeur, der mich damals zum ersten Mal in sein schwarzgelbes Vorkriegsmodell einsteigen ließ und sich sorgfältig um mein Gepäck kümmerte.

Erschöpft, aber glücklich, den längsten Teil der strapaziösen Reise erfolgreich hinter mich gebracht zu haben, sank ich im geräumigen Fond des Wagens in die Plastikpolster. »Eigentlich«, dachte ich, »kann jetzt nicht mehr viel schiefgehen.«

Hadip, der immer freundlich lächelnde Fahrer, setzte sein Vehikel in Bewegung, dem Ausgangspunkt meiner Pilgerreise entgegen. Nicht aber, ohne mir noch erklärt zu haben, daß heute, trotz der bleiernen Schwüle, die Fenster besser geschlossen bleiben sollten. Denn es war *Holi,* Frühlingsfest. Und es gehört zu den überlieferten Sitten dieser Festtage, daß die Menschen sich mit Farben aller Arten bewerfen, das soll Glück bringen.Die Hitze im Auto war schier unerträglich. Glücklicherweise hab' ich's gerne warm und kann es auch gut vertragen, aber schon nach kurzer Zeit merkte ich, daß ich langsam an den Plastiksitzen festzukleben begann.

Die Leute auf den Straßen waren ausgelassen und fröhlich. Sie beklecksten sich tatsächlich gegenseitig unter lautem Jubel mit gefärbten Flüssigkeiten und buntem Staub. Und nicht selten klatschte grellbuntes Wasser an die Autoscheiben und zerfloß im Fahrtwind. Manche Inder hatten, auf ihrem Weg zu den vielen kleinen Tempeln am Straßenrand, Blumengirlanden in der Hand und winkten freundlich. Welch ein wunderbarer Empfang! Erschöpft wie ich war, konnte ich doch keinen Blick lassen von diesem Gewirr und dem lärmenden, unendlich schmutzig wirkenden Getriebe dieser wunderbaren Stadt Kalkutta. Diese Welt war völlig fremd für mich und schien mir doch gleichzeitig seltsam vertraut.

Schließlich gelangten wir durch die weniger bevölkerten Vororte in ländlichere Gefilde, mit hohen Palmen und anderen exotischen Gewächsen, die jetzt die Straße säumten. Vorbei an weiten Feldern, Wassergräben und Tümpeln. Von den Wasserbüffeln, die sich wohlig darin suhlten, war meist nur der Kopf zu sehen – ein spaßiger Anblick.

Meine Erschöpfung schien offensichtlich zu sein, denn Hadip hielt plötzlich mitten in einem Dorf an, gestikulierte lachend, stieg aus und kam kurz darauf mit einem Arm voller Früchte, darunter Mango und Papaya, zurück. Dieser kurze Halt reichte aber aus, daß sich eine bunte Schar größerer und kleiner braunhäutiger Dorfbewohner, die mich mit munteren schwarzen Augen musterten, um das Auto versammeln konnten. Dankbar – jetzt merkte ich erst, wie hungrig ich war – verschlang ich das frische, safttriefende Obst, allerdings nicht, ohne es vorher einer Katzenwäsche unterzogen und die entsprechenden Opferungs-*mantras* memoriert zu haben.

Weiter ging es durch die abwechslungsreiche, fruchtbare Landschaft. Immer vorbei an den typischen strohgedeckten Lehmhütten. Überall waren fröhliche, anmutig-schöne Menschen entweder zu Fuß, auf Fahrrädern, Rikschas oder Ochsenkarren unterwegs. Frauen in ihren bunten, im Wind wehenden Saris schritten majestätisch aufrecht mit schweren Lasten auf dem Kopf wie archaische Figuren an uns vorüber.

Immer mehr zog mich diese friedvolle, geradezu paradiesisch anmutende Atmosphäre in ihren Bann. Zeitgefühl existierte nicht mehr, obwohl meine Armbanduhr zwölf Uhr mittags zeigte. Die Stoßdämpfer unseres Wagens verdienten wohl ihren Namen nicht mehr: Bei jedem Schlagloch und den vielen Unebenheiten in der Straße wurde ich kräftig durchgeschüttelt. Und jedesmal dieser atemberaubende Schreck, wenn entgegenkommende, riesige Trucks mit ohrenbetäubendem Tuten direkt auf uns zusteuerten. Verkehrsregeln schienen hier verpönt oder schlichtweg unbekannt zu sein. Es war mir einRätsel, wie es einem der Fahrer immer wieder gelingen konnte, im letzten Moment auszuweichen. Nervenaufreibend. Hadip allerdings war sichtlich amüsiert über meine verzweifelten Anrufungen sämtlicher mir bekannten Schutzheiligen. Zermürbend war auch das schier endlose Warten an den vielen Bahnschranken.

Es dauerte eine Weile, bis ich merkte, daß es immer derselbe Zug war, der an uns vor vorüberzuckelte. Denn die bengalische Eisenbahn schlängelt sich mit den seltsamsten Windungen durch das Land. Aber wenigstens konnte ich während dieser Zwangsaufenthalte das Fenster öffnen und sogar so etwas wie ein Gespräch mit den gleichfalls wartenden Einheimischen führen.

Woher ich komme? Europa, wo ist Europa? Großbritannien, ah ja, das war bekannt: Krishna, von so weit! Und zum *Yogapītha* in Mayapur will ich, ah ja. ISKCON, o ja, sehr gut! Und rissige braune Hände wurden ehrfürchtig vor der Stirn gefaltet, um Ehrerbietung zu erweisen. Ich fühlte, wie aufsteigende Tränen mir die Kehle eng werden ließen. Manchmal reichte mir jemand eine Erfrischung. Die Sorge um mein Wohlergehen war rührend. Und auch hier begegneten uns immer wieder ausgelassene Menschengruppen, die ihre in alten Blechdosen oder Plastiktüten mitgebrachten Farben über andere schütteten. Ich wollte allerdings, Glück und Tradition hin oder her, nicht unbedingt eingefärbt werden.

Und immer wieder dachte ich: Jetzt kracht's, wenn ein entgegenkommendes Fahrzeug mit Höchstgeschwindigkeit auf uns zuraste. Aber wie durch ein Wunder passierte nichts. Anscheinend haben die Autofahrer hier besonders fleißige Schutzengel. Und welch diebische Freude sie daran haben, ihre Machtkämpfe auszutragen, ist offensichtlich. Wenn dabei bloß nicht dieses nervenzerreißende Hupkonzert wäre! Aber allmählich ließ ich mich nicht einmal mehr davon stören. Ich kümmerte mich einfach nicht mehr darum. Ich wußte ja inzwischen: Mit dem Ausweichen klappt's zuallerletzt anscheinend ja doch immer. Ich ließ viel lieber fasziniert all die stimmungsvollen Bilder und die wechselnden Eindrücke auf meine überanstrengten westlichen Sinne wirken. Dieses wunderbare Eingestimmtsein der Menschen auf die Natur: alles reine Harmonie. Der Rhythmus und die Schwingung der Bewegungen! Wie von einer höheren Frequenz getragen.

Damals war das Empfinden dieses Harmoniegefühls ein überstarkes, geradezu kosmisches Erlebnis für mich. Auch das Zusammenleben von Mensch und Tier. Es wirkte in einer so schlichten, gottgewollten Weise, daß ich alle Einzelheiten tief und bewußt aufnahm, um an einem weniger harmonischen Ort oder in unserer westlichen Zivilisation davon zehren zu können. Und ich spürte, trotz der geschlossenen Fenster und meiner totalen körperlichen Erschöpfung, sehr deutlich die fast überirdische Atmosphäre dieser Umgebung: die Nähe des ganz besonders heiligen Bezirks Shri Navadvipa-*dhāma.* Und kurz darauf entdeckte ich auch, genau wie es mir beschrieben worden war, am Straßenrand das große farbenprächtige Schild mit dem Bild Shri Caitanya Mahaprabhus, der vor 500 Jahren Seinen Anhängern das Chanten (= Singen oder Sprechen) der Namen Gottes zum Wohle aller Lebewesen in diesem *Kali-Yuga* (Zeitalter des Streites und der Heuchelei) gelehrt hat. Er, der eine Inkarnation Shri Krishnas war, sah es als Seine größte Mission an, diese *mantra*-Meditation und die *kīrtanas* (das gemeinsame Singen der Heiligen Namen) an alle weiterzugeben, um damit reine Gottesliebe hier auf Erden zu verteilen.

Ich wurde beim Anblick dieses Bildes mit seiner – trotz der Naivität der Darstellung – ungewöhnlichen Ausstrahlung von den seltsamsten Empfindungen überwältigt. Und das, obwohl ich die bengalische Aufschrift gar nicht lesen konnte. Vielleicht weil mir bewußt war – und was in den vedischen Schriften nachzulesen ist –, wie Shri Caitanya das Universum erlöste, indem er alle, die mit Ihm gelebt haben, zurück zu Gott führte.

Mir war natürlich klar, daß diese kommenden Tage, dieses Festival zu Seinen Ehren für die Bevölkerung hier eines der wichtigsten Ereignisse war. Und ich würde gerade noch rechtzeitig eintreffen, um am nächsten Tag zum ersten Mal den Höhepunkt auf diesem durch Tradition geheiligten Boden mitzuerleben. Viele Pilger aus ganz Indien versammeln sich alljährlich hier, um dieses Fest speziell im Tempel der ISKCON mit seinem wunderschönen *āshrama* zu begehen. Und als besonders glücksverheißend gilt es, an diesem hohen Festtag – der nach den Mondphasen berechnet wird wie unser Osterfest –, in dieser Vollmondnacht also, im heiligen Ganges an einem bestimmten Platz ein Bad zu nehmen. Ein damit verbundener spiritueller Befreiungsritus ermöglicht es, daß man noch in diesem Leben geläutert werden kann.

Ich konnte meinen Gedanken nicht weiter nachhängen, weil wir – nach vier Stunden – endlich vor dem *āshrama* angekommen waren. Auf dem Parkplatz hinter dem Gästehaus, mit zerschlagenen Gliedern zwar, doch innerlich tief bewegt, verabschiedete ich Hadip herzlich, entlohnte ihn und bedankte mich dafür, daß er mich so wohlbehalten ans Ziel gebracht hatte.

Nun war es keineswegs so, daß ich in diesem Gästehaus, das übrigens noch unter Shrila Prabhupadas Anleitung erbaut wurde, etwa ein Zimmer für mich haben würde. Daran war überhaupt nicht zu denken. Denn es war nur natürlich, daß wegen des Festivals alle Unterkunftsmöglichkeiten zu Massenquartieren umfunktioniert worden waren. Ich wurde von meinen deutschen Freunden zwar herzlichst begrüßt, aber dann ging man auch schon wieder zur Tagesordnung über.

Ich bekam meine Grasmatratze, die in ein buntes Baumwolltuch eingewickelt war, und eines der hölzernen Bettgestelle zugeteilt. Dieses befand sich in einem der jeweils von sechs Frauen bewohnten Räume des langgezogenen zweistöckigen Gebäudes. Am Ende des langen Flurs lagen die sanitären Einrichtungen – alles war sehr zweckmäßig eingerichtet.

Mit sogenanntem »westlichen Komfort«, den wir gewöhnt sind, war das selbstverständlich nicht zu vergleichen. Ich ging sofort unter die schon so langersehnte Dusche und tauschte meine verschwitzte Kleidung gegen frische aus. Mir machte die Einfachheit hier kaum etwas aus, ich lebte mich übergangslos in die vorhandenen Gegebenheiten ein. Nach meiner Erfrischung bekam ich die Zahlenkombination für unser Tür-Vorhängeschloß genannt – nur denjenigen bekannt, die in unserem Raum schliefen –, um unabhängig ein und aus gehen zu können.

Ich versuchte, mich auszuruhen, vor mich hinzudämmern, zu schlafen, um mich nach den Strapazen der insgesamt 21 Stunden, die ich seit meinem Abflug in Frankfurt auf den Beinen war, zu regenerieren. Aber ich war viel zu überdreht. Also beschloß ich, gleich voll ins Programm einzusteigen. Ich fühlte mich erstaunlicherweise unglaublich wohl, und bald schon fiel auch all der Ballast westlich-weltlichen Denkens immer mehr von mir ab. Ich überließ mich einfach ganz meiner spirituell ausgerichteten Natur.

Als ich in meinen – hier allerdings viel zu warmen – bereits vorsorglich auf meinem Bett ausgelegten Schlafsack kroch, denn ich wollte wenigstens an diesem Abend frühzeitig zur Ruhe kommen, um zum Morgenprogramm fit zu sein, war es sicher: Ich konnte nicht schlafen. Übrigens auch die kommenden Nächte nicht. Ob das der Klimawechsel, die fremdartige Atmosphäre, die ganz andere Schwingung oder vielleicht der Massenbetrieb war, ich weiß es nicht. Der Schlaf floh mich, ich lag nur wohlig da, dämmerte und dachte nach. Auch die Moskitos, diese niemals zur Ruhe kommenden Plagegeister, konnten mich nicht stören. Denn über meinem Bett war ein zumindest relativ intaktes Netz gespannt.

Am frühen Nachmittag des 27. März 1983 war ich hier im *āshrama* eingetroffen. Und am 28. wurde *Gaura-Purnīma*, der Erscheinungstag von *Gauranga* (dem Goldenen) – Shri-Caitanya – gefeiert, als der Höhepunkt aller Festlichkeiten. Ungefähr zwei Quadratkilometer umfaßt die Anlage des »Shri Mayapur Chandrodaya Mandir« mit dem Tempel, dem kleinen Restaurant, der Feueropfer-Stätte, den zwei Gästehäusern und dem wunderschönen Park. Bei diesem wichtigen *Vaishnava*-Fest pilgerten, so wurde von offizieller Seite bekanntgegeben, etwa vier Millionen Inder zu dem geheiligten Bezirk. Deshalb wirkte bei diesem ersten Mal – trotz meiner Begeisterung – auch alles ein bißchen wie ein religiös-spiritueller Jahrmarkt mit einem gewissen Rummelplatz-Effekt auf mich.

Die meisten der Gottgeweihten waren bereits vierzehn Tage zuvor hier eingetroffen, um durch *parikramas* (Pilgerprozessionen) zu den verschiedenen heiligen Orten ihr Bewußtsein zu läutern und Einkehr zu halten. Was mir diesmal leider nicht vergönnt war.

Alle Mahlzeiten hier sind natürlich vegetarisch und werden in einem riesigen Gemeinschaftsraum oder im Freien eingenommen. Morgens *chapatis,* wie die nach uraltem Rezept hergestellten Brotfladen heißen, dazu frischer Fruchtsalat und Joghurt. Mittags *kitri,* eine Mischung aus Reis, *dāl* (Linsen) und Gemüse, dazu viel Zitronenwasser oder frischer Fruchtsaft, des heißen Klimas wegen. Und abends süße Milch mit *puris,* einem speziellen, leichten Gebäck. Da ich mich auf diese Art schon mehr oder weniger zu Hause ernährt hatte, bedeutete das Essen kaum eine Umstellung für mich, im Gegenteil, der Geschmack der Speisen hier ließ sich mit nichts vergleichen.

Und auch meine Anpassung an das Leben im *āshrama* mit der notwendigen Eingliederung in die Gruppe gelang mir gottlob ziemlich mühelos. Selbstverständlich mußte jede Art westlichen Anspruchsdenkens zurückgestellt oder am besten ganz aufgegeben werden. Und Egotrips sind in einer religiös ausgerichteten Gemeinschaft ohnehin nicht möglich.

Während der Vorlesung nach den Morgenandachten, bei der neben vielen Einheimischen Hunderte von Eingeweihten aus der ganzen Welt zusammentrafen, wurden Aufzeichnungen aus dem Leben Shri Krishnas und Seiner Geweihten, dem *Śrīmad-Bhā-*

gavatam, erläutert.

Hier waren übrigens auch die westlichen Schülerinnen alle im Sari. In den verschiedensten Materialien und Farben. Und die Männer, die *prabhus*, im traditionellen *dhoti*, das ist eine Stoffbahn, die sie sich um die Hüften wickeln und die fast bis zum Boden reicht. Viele hatten sich außerdem den Kopf kahlscheren lassen, als Zeichen der besonderen Entsagung während dieser Zeit.

Am *Gaura-Purnīma-Tag* nahmen wir westlichen Wallfahrer nur noch an den frühmorgendlichen Andachten teil. Danach gehörte der ganze Tempelbereich den Hindu-Pilgern. Wir zogen uns, um nicht von diesem für unsere Begriffe ungewohnten, orientalischen Trubel erdrückt zu werden, in unseren abgelegenen Quartierbereich zurück. Es wurde übrigens während des ganzen Tages gefastet. Also nichts getrunken und nichts gegessen. Erst wenn der Vollmond gleißend sein kaltes Licht verbreitete, würde das Festmahl, geheiligte Speisen genannt *prasādam*, verteilt werden. Dieses *prasādam* gilt als besonders spirituell, da es Opfergaben sind, die dem Herrn geweiht wurden. Es heißt in den Schriften, daß man sich allein schon durch das Akzeptieren dieser Kost – und ganz besonders an so einem Tag – spirituell weiterentwickelt.

Die Hindus führen an diesen heiligen Tagen viele verschiedene Zermonien durch. Mich überkam bei den uralten geheiligten Bräuchen zunächst immer noch ein frommer Schauder. Die Gläubigen sangen und beteten, umkreisten dabei den Tempel und pilgerten zum majestätisch vorbeiströmenden Ganges. Dort wurden dann die vorgeschriebenen Reinigungsriten vollzogen. Und obgleich man sich in Prozessionen zur »Mutter *ganga*« (wie der heilige Fluß ehrfürchtig genannt wird) begibt, wird die jeweilige Reinigungszeremonie dann doch von jedem allein für sich zelebriert, damit jeder einzelne bei der inneren Sammlung mit der höheren Natur in Verbindung treten kann.

Der westliche Betrachter, der diese heiligen Bräuche wie ein fremdartiges Spektakel bestaunt, mag vielleicht eine gewisse Betroffenheit oder Befremden empfinden, aber die Inbrunst, mit der die hinduistischen Gläubigen diese Rituale ausführen, läßt sich mit den Gebräuchen anderer Religionen kaum vergleichen.

Es ist überliefert, daß auf den einen oder anderen Skeptiker, der zunächst nur neugierig diesen speziellen Waschungen zusah, plötzlich ein Funke übersprang. Dann erfuhr er auf einmal seine eigene innere, spirituelle Natur und erlebte einen kosmischen Augenblick, der sich tief und nachhaltig auswirkte und sein bisher verschüttetes göttliches Bewußtsein auf eine höhere Schwingungsfrequenz erhob.

Es ist ergreifend, diese Reinigungszeremonie – wie ich in meinen ersten Tagen hier – an sich selbst vorzunehmen und zu erfahren. Man steht bis zum Bauch im Wasser und schöpft immer wieder mit den gefalteten Händen das Wasser aus dem heiligen Fluß und schüttet es sich über den Kopf. Auf diese Weise gibt man es der Gottheit, von der man es genommen hat, zurück. Man kann auch einfach untertauchen.

Von den Verbrennungsstätten, die an einigen Plätzen direkt hier am Gangesufer liegen, sah ich während meines Aufenthaltes nichts. Ich wünschte mir damals schon, meinen Körper einmal hier aufgeben zu können, damit er nach vedischem Brauch, ohne jegliche westliche Geschäftemacherei, erst dem Element Feuer und schließlich dem heiligen Fluß übergeben wird.

Ende der 60er Jahre, ich war noch völlig unwissend und dem materiellen Leben verhaftet, hatten wir einmal im Freundeskreis die Idee, unsere Körper offiziell der Anatomie zu vermachen, um so nach dem Tod anderen durch Organspenden helfen zu können. Das war damals zweifellos sehr idealistisch gedacht, doch aufgrund meiner heutigen Einsicht über die Vorgänge des Sterbens halte ich davon natürlich nichts mehr. Denn es soll ja beim Verbrennungsvorgang des Körpers, der nur grobmateriell ist und der irdischen Materie angehört, ein Läuterungsprozeß stattfinden, der den Übergang in die jenseitigen Sphären beschleunigt.

Die heiligen Wasser des Ganges sind für den naturwissenschaftlichen, westlich ausgerichteten Betrachter wohl vorläufig noch ein ungelöstes Rätsel. Man kann sich nicht erklären, warum dieser Fluß trotz aller Verunreinigungen so sauber ist, daß man das Wasser sogar trinken kann. Der Fluß, dessen wirklicher Ursprung die Lotosfüße Shri Vishnus sind, hat in sich selbst anscheinend ein reinigendes System, das man mit einer »höheren Schwingung von Wasser« bezeichnen könnte, einer Immunschicht und lichtvollen Aura, die sich allen Messungen physikalischer Prinzipien entzieht. Was immer wieder festgestellt wird, ist lediglich, daß das Flußwasser bakterienfrei (!) ist. Weshalb, wieso und wodurch wird wohl auch weiterhin zu den ungelösten »Glaubensfragen« dieser Welt gehören. Für mich ist die Erklärung allerdings ganz einfach: Da dieses Wasser von den Lotosfüßen Shri Vishnus herabkommt, also spirituell ist, kann es vom materiellen Schmutz dieser Welt nicht berührt werden. Je näher das Wasser seinem irdischen Ursprung im Himalaya ist, desto heller und klarer wirkt es natürlich. Wenn man es weiter unten, hier im Distrikt Mayapur zum Beispiel, in ein Glas füllt, setzt sich rasch ein trüber Grund ab. Ich hole mir, wenn ich heute dort bin, täglich mein Trinkwasser aus dem Ganges. Es ist ein herrlich kühles und, wie auch Shrila Prabhupada immer sagte, wunderbares Heilwasser, das den Körper innerlich und äußerlich kuriert. Außerdem liebe ich seinen außerordentlichen, ungewöhnlich guten Geschmack.

Bei meinem ersten Besuch im »Shri Mayapur Chandrodaya Mandir« konnte ich gerade eine Woche bleiben, denn die Pilgerreise ging weiter nach Vrindavan, das zwischen Delhi und Agra liegt und der Erscheinungsort Shri Krishnas auf dieser Welt ist.

Das große Fest hier war inzwischen abgeklungen und die gewohnte Ruhe wieder in den üblichen, streng geregelten Tagesablauf eingekehrt.

Trotz des wenigen Schlafs, mit dem ich hier erstaunlicherweise auskam, fühlte ich mich wohl. Mein westlich geprägtes, mehr verstandesmäßig funktionierendes Denken hatte sich durch die religiöse, spirituelle Atmosphäre hier verflüchtigt. Es war mir gelungen, mich ganz in die Gruppe zu integrieren Und natürlich mußte jeder Pflichten und Reinigungsarbeiten übernehmen, wie sonst sollte alles in Ordnung gehalten werden? Ich meldete mich zum »Latrinen-Putzen«, denn ich hatte in einer Vorlesung gehört, daß unpopuläre Dienste dieser Art sehr hilfreich sind, das übertriebene Ego zu dämpfen. Und das konnte, dachte ich, bei mir ganz sicher nicht schaden. So vollbrachte ich diese tägliche Pflicht ohne große Worte und Nasenrümpfen mit meinem Sauberkeitsfimmel entsprechender Routine.

Ich stand morgens freiwillig eine halbe Stunde früher auf, um dem großen Andrang in den Duschen zu entgehen und schneller fertig zu sein und mit klarem Bewußtsein den Tag im *āshrama* beginnen zu können. Für mich war das eine Übung, mit den begrenzten, mir zur Verfügung stehenden Energien besser umgehen zu lernen.

Leider hatte ich, bedingt durch Theaterproben in Hamburg, diesmal nur insgesamt drei Wochen Zeit zur Verfügung. Der Rückflug von Delhi wer für den 15. April gebucht. Aber zunächst wollte ich, wie schon erwähnt, mit unserer Gruppe noch nach Vrindaran, jenem heiligen Ort, an dem Shri Krishna als Kind und Jugendlicher Seine Spiele *(līlās)* begonnen hat. Auch dort ist ein *āshrama* nebst großem Tempel, der zur ISKCON gehört. Wir mußten also, diesmal per Bus, wieder nach Kalkutta, von dort mit der Indian-Airlines bis Delhi und dann, wieder mit mehreren Bussen, zum Zielort. In diesem wichtigsten Pilgerort Indiens gibt es etwa fünftausend Tempel. Alle zur Lobpreisung Gottes und Seiner verschiedenen Inkarnationen errichtet. Die Bewohner dieses heiligen Orts besuchen täglich mindestens einmal einen oder mehrere dieser Tempel, um ihre *puja* (Andacht) zu verrichten! Inzwischen bildet jedoch jener einzigartige »Krishna-Balarama-Mandir«, der Tempel, der ebenfalls noch unter der Anleitung von Shrila Prabhupada erbaut wurde (der ja viele Jahre seines Studiums in Vrindavan verbrachte) ganz unbestritten eine der Hauptattraktionen.

Ich habe in der englischen Ausgabe der Biographie des 1977

verstorbenen großen *ācārya* (Lehrer) und Meisters Shrila Prabhupada über die unsäglichen Schwierigkeiten, Behinderungen und sogar Betrügereien, die – von den Widersachern gesteuert – das Entstehen dieser Tempelanlage verhindern sollten, gelesen. Für mich ist klar, daß nur sein entschlossener Wille, sein einzigartiges Vertrauen in seinen Herrn, Shri Krishna, und sein überirdisches Durchsetzungsvermögen ein solches Millionenprojekt vollbringen konnte. Seine Biographie gibt es inzwischen glücklicherweise seit 1984 auch in einer ausgezeichneten (obwohl gekürzten) deutschen Ausgabe unter dem Titel: »Prabhupada, der Mensch, der Weise, sein Leben, sein Vermächtnis.« Verfaßt wurde diese Biographie von einem seiner amerikanischen Schüler, der fast von Anfang an das Wirken Shrila Prabhupadas in den USA und die von dort ausgehende, rasche Entwicklung der Bewegung entweder miterlebt oder recherchiert hat.

Im *Vogelāshrama,* etwa zehn Fußminuten vom Tempel entfernt, konnten wir uns diesmal unter etwas weniger umständlichen Verhältnissen einrichten: Es gab drei zusammenhängende Räume, die wir zu siebt bewohnten, mit eigenem »Badezimmer« (bestehend aus einem Wasserhahn) nebst separater Toilette.

Hier, in diesem in jeder Hinsicht unbeschreiblichen Vrindavan, erlebte ich weitere Höhepunkte einer inneren Erhebung. Spirituelle Verwirklichungen möchte ich sie nennen. Es sind diese Empfindungen, die sich mich wellenartig durchströmten und weder mit dem kurzen Glückszustand, der bei rauschendem Applaus nach einer gelungenen Aufführung auf der Bühne erlebt werden kann, noch mit sinnlichen Freuden der Liebe zu vergleichen sind. Es handelt sich hier um transzendentale Empfindungen, die durch eine höhere Schwingungsfrequenz zu einem Gipfelerlebnis werden.

Im Laufe der kommenden Tage besuchten wir all die bekannten Stätten, die durch die Schilderungen von Shri Krishnas Jugend bekannt und in den Heiligen Schriften nachzulesen sind. So etwa den Platz am Yamuna Fluß, wo Er die *Kāliya*-Schlange, ein Symbol der dunklen Gewalt, besiegt hat. Oder jenen Ort, an dem der legendäre *Rasa*-Tanz mit den *gopīs* (den Hirtenmädchen) stattfand. Oder den Baum, bei dem Er ihnen während eines Bades im Fluß die Saris entwendete.

Es ist sicher erwähnenswert, daß es in Europa viele vorangegangene Ausgaben der *Bhagavadgītā* gibt und selbst Goethe sich fasziniert über dieses Buch geäußert hat. Er sagte, daß es das Werk sei, das ihn in seinem Leben am meisten erleuchtet hätte. Auch andere große Geister, wie zum Beispiel Humboldt oder Schopenhauer, haben vom »Erhabensten und Tiefsten« gesprochen, das es als geistige Lektüre auf der Welt gibt. Ja selbst der »Entdecker« der Relativitätstheorie Albert Einstein gab zu, daß er sich nach der Lektüre der *Gītā* gefragt habe, wie denn Gott nun wirklich das Universum erschaffen hätte.

Sicher kann man meine Begeisterung über diesen ersten Indienaufenthalt und den Besuch all der Stätten, von denen ein so erhabenes Fluidum ausgeht, mit der Pilgerreise eines gläubigen frommen Christen vergleichen, der all die Plätze aufsucht, die mit dem Leben und Wirken Christi zu tun haben. Ich kenne Berichte und Schilderungen, in denen Israelbesucher ebenfalls solche Glücksmomente, die sie am Berg Gethsemane oder in Nazareth erlebt haben,beschrieben.

Hier könnte es vielleicht von seiten meiner Leser den berechtigten Einwand geben: Wie kommt ausgerechnet eine modern ausgerichtete, bisher durchaus lebenslustige Frau, die obendrein aus der Schauspielerei kommt, dazu, ausgerechnet in Indien solch tiefgreifende Aha-Erlebnisse zu haben. Außerdem ist schließlich das Geschehen, über das in so eindringlichen Schilderungen in der *Bhagavadgītā* berichtet wird, bereits mindestens fünftausend Jahre alt. Ich weiß nur, daß es mir ein tiefes Bedürfnis war, mich dieser uralten Philosophie mit aller Konsequenz zu widmen. Um letztendlich von einem echten spirituellen Lehrer (einem der Schüler Shrila Prabhupadas) die *Hari-nāma*-Weihe zu erhalten: Die Einweihung in das Chanten der Heiligen Namen des Herrn, des *mahā-mantra:* Hare Krishna Hare Krishna,

Krishna Krishna Hare Hare, Hare Rāma Hare Rāma, Rāma Rāma Hare Hare. Diese transzendentale Klangschwingung, die, so wie Ultraschall verschmutzten Schmuck reinigt, allen materiellen Staub von der Seele entfernt.

Was ich heute zu einer gewissen Deutung beitragen kann, hat mit meinen früheren Leben zu tun. Damit, daß ich – vor einigen anderen Existenzen, die ich in westlichen Klöstern zubrachte – in einem männlichen Vorleben anscheinend ein Mönch war, der am Himalaya ein gottgeweihtes Dasein führte und Erleuchtung suchte. Dies ergab sich bei Rückführungen, von denen ich später noch etwas mehr erzählen werde. Bei meiner Ankunft in Delhi, als ich – zum ersten Mal in diesem Leben – indischen Boden betrat, überfiel mich dieses eigenartige Gefühl, in eine altvertraute Welt zurückzukehren. Für mich, die Individualistin und bewußte Einzelgängerin, die sich nun hier in den indischen *āshramas* allen Anforderungen des spirituellen Gruppenlebens stellte, war es selbst immer wieder erstaunlich, wie leicht mir das fiel, auch wenn ab und an meine Nerven noch Amok liefen und ich merkte, wie ein Teil meines Wesens und meiner Natur sich gegen gewisse Notwendigkeiten aufzulehnen begann, die ein Gemeinschaftsleben von jedem abverlangt. Aber die tägliche *mantra*-Meditation und das gemeinsame Chanten hatten mein Gemüt immer wieder rasch beruhigt. Die geistige Ruhe, das »Überwindungsprinzip« dieses evolutionären Pfades und all die vorangegangenen Demutsübungen hatten mich darauf eingestimmt. Und dann gab es ja auch noch den geistigen Austausch mit dem spirituellen Lehrer, der mir in schwierigen Fragen immer weiterhilft.

Es ist dies ein langwieriger, sich steigernder Prozeß, der die Feinstofflichkeit von Körper, Geist und Intelligenz mehr und mehr sensibilisiert. Man durchschreitet als *Bhakti-Yogi* die verschiedensten Stationen, um zu seinem Höheren Selbst zu gelangen. Eine Entwicklung, die übrigens auch in anderen esoterischen Disziplinen und von anderen Yoga- und Meditationsarten, die durch indische Meister im Westen verbreitet wurden, angestrebt wird. Das *Bhakti-Yoga* ist lediglich besonders wirkungsvoll und strikt.

An dieser Stelle erwähne ich »Bhagwan« Shree Rajneesh, weil seine Methode, die er selbst kreiert hat, im Westen so umstritten ist. Diese »spirituelle Massenbewegung« sorgt wegen ihres Gurus selbst (der in Indien gar nicht als solcher anerkannt wird), aber auch wegen seiner materiellen Einstellung leider für ein schlechtes Image der östlichen Lehren. Die wirklich spirituellen und religiös ausgerichteten Bewegungen wie zum Beispiel die ISKCON werden von den bewußt undifferenziert urteilenden Medien mit solchen »Auswüchsen« in einen Topf geworfen, und die breite Öffentlichkeit erhält einen falschen Eindruck. Dieses Vorgehen, »andersgläubige« Religionsgemeinschaften als »gefährliche Vereinigungen« oder gar »destruktive Kulte« über einen Kamm zu scheren, erinnert stark an die mittelalterliche Methode der Inquisition, wenn auch heute auf eine weitaus raffiniertere und heuchlerischere Weise dabei vorgegangen wird. Heuchlerisch deshalb, weil uns zwar einerseits Religionsfreiheit im Grundgesetz garantiert ist, es aber andererseits organisierte Vereine gibt, die offiziell Religionsverfolgung und -diskriminierung betreiben. All das ist mir wohlvertraut, ich sehe mich persönlich ständig damit konfrontiert.

Wirklich spirituelle Vereinigungen haben beispielsweise, sowie auch die ISKCON, vor allem in den 60er und frühen 70er Jahren, Gestrandete oder Drogenabhängige von der Straße geholt und vor weiterer Selbstzerstörung bewahrt, indem sie die Spiritualität dieser Seelen wiedererweckten und ihr Leben mit einer neuen Sinngebung erfüllten. Ein unbestreitbares Verdienst, das sich wohl in diesem Ausmaß keine der etablierten christlichen Kirchen zugute halten kann. Glücklicherweise gibt es in letzter Zeit aber auch immer mehr seriöse Medienberichte, die ohne Vorurteile (unter denen ja auch die »Hare-Krishna-Bewegung« immer wieder zu leiden hat) die wahren Beweggründe dieser wirklich spirituellen Vereinigungen richtig darzustellen und zu interpretieren bestrebt sind.

»Denn es gehört zu den erhabensten Gedanken der Vedanta*)-Religion«, so dozierte bereits im letzten Jahrhundert der Religionswissenschaftler und Indologe Max Müller, »daß man auf verschiedenen Pfaden zum gleichen Ziel kommen kann.«

Um nach diesen, wie mir schien, notwendigen Erläuterungen wieder zu meinem Aufenthaltsort, dem *»Vogelashrama«* Vrindavan, zurückzukommen: die sanitären Gegebenheiten bewahrten mich diesmal davor, meine »Selbstüberwindung durch unpopulären Dienst« hier erneut im großen Stil unter Beweis zu stellen. Dazu fällt mir noch eine bezeichnende Geschichte ein, die mein spiritueller Lehrer einmal erzählte: Es fiel ihm auf, daß einer der bereits fortgeschritteneren Gottgeweihten, ein *devotee* mit sogenannter »Position«, sich im Mayapur-Mandir immer zum Latrinenkommando meldete. Als er ihn daraufhin ansprach, warum um alles in der Welt er das bloß täte, er hätte doch wahrlich genug anderes zu tun, erhielt er die kategorische Antwort: »Das bewahrt mich mit 100 prozentiger Sicherheit davor, wieder in meine aufgeblasene Überheblichkeit zurückzufallen, und wird mich letztendlich demütig werden lassen.«

Bei den tibetanischen Zen-Mönchen, die nach den religiösen Grundsätzen des Buddhismus leben, der – durch den Erleuchteten Buddha propagiert – ebenfalls auf die Veden zurückzuführen ist, gibt es dafür den Ausspruch: »Er muß noch einmal in die Karawanserei!« Was besagen soll, daß der betreffende Mönch wegen seiner aufgeblasenen Haltung noch einmal eine Zeitlang einen »niederen« Dienst ausführen muß, um dadurch seinem Stolz Herr zu werden.

Buddha, dieser einstmalige Prinz Siddharta, den vedischen Schriften gemäß eine Inkarnation Shri Krishnas, erschien ungefähr 560 Jahre vor Christus, um nach einem kurzen weltlichen Leben, in dem er geheiatet und einen Sohn gezeugt hatte, die Er-

*) Veda = Wissen, anta = letztes oder höchstes, Vedanta ist also das letztendliche, höchste Wissen.

leuchtung anzustreben. Nach sieben Jahren Meditation unter einem Bodhi-Baum sammelte Er Jünger um Sich und predigte. Wobei Er vor allem dem unsinnigen mißbräuchlichen Tiereschlachten bei Opferungen ein Ende bereitete, indem Er strikten Vegetarismus und das Prinzip von *ahimsa* einführte.

Mein erster Indienaufenthalt war für mich ein Prüfstein für meine geistig-moralische Entwicklung. Ich beobachtete mich und meine Reaktionen auf die Umwelt und auf die Mitglieder der Gruppe und schonte mich dabei nicht. Vor allem wenn ich mich dabei ertappte, daß ich nach meinem alten Verhaltensmuster reagierte. Denn nicht erst im *āshrama* in Vrindavan hatte ich erkannt, daß das Verhalten der Menschen in meiner Umgebung ein Spiegel für mich ist, der mir zeigt, warum mich diese oder jene Reaktion meines Gegenübers so stark berührt. Ich bin zwar keine Psychologin, aber gewisse innere Zusammenhänge der menschlichen Natur sind mir doch vertraut, und ich beobachte mich und andere kritisch. Auch wie ich auf die Kritik anderer reagiere, gehört zu diesem Selbsterforschungsprozeß, der ja ein alter esoterischer Grundsatz ist. Denn schon im alten Griechenland, auf der Orakelstätte in Delphi, konnte man lesen: »Erkenne dich selbst!«

Aber natürlich darf eine solche Haltung niemals zu einer selbstgefälligen Nabelschau ausarten. Man kommt ja schließlich mit ganz bestimmten Eigenarten und Prägungen aus vorangegangenen Leben sowie ureigenen Geburtskonstellationen auf die Welt. Was man an sich selbst aber allmählich abstellen kann, ist ein Zuviel an Willenskraftaufwand für die falsche Sache: weltlichen Ehrgeiz, sich über seine Mitmenschen erhaben zu fühlen, sowie Neid und Ungeduld. Mir steht dabei nicht selten mein sorgsam gepflegter Sinn für Perfektion im Weg. In Indien kommt man damit allerdings nicht weit. So rege ich mich inzwischen nicht mehr über Baustellen auf, die immer ausgerechnet vor meiner Tür, viel zu laut und im Wege sind, transzendiere auch bestimmte Geräusche, die mich nervös machen, und bin in allem einfach toleranter geworden. Diese Umwandlung bestimmter negativer Eigenschaften kann man durch *mantra*-Meditation und Affirmation überwinden. Damit ist ungefähr das ausgedrückt, was Nietzsche meinte, als er sagte: »Du sollst werden, der du bist!«

Manchmal wird mir vorgeworfen, zu streng mit mir zu sein. Aber ich bemühe mich eigentlich nur, die verschiedenen Tests zu bestehen und die hohen Anforderungen ethischer Natur, die ich an mich stellen muß, mit meinem »Doppelleben«, dem einer Yogini und dem der auf Erfolg ausgerichteten Schauspielerin, in Einklang zu bringen. Dazu gehört auch, weder innerlich noch sichtbar die Nase über sein Gegenüber zu rümpfen, bloß weil man die Schwächen des anderen erkennt und durchschaut. Dazu gehört außerdem jene Strenge und Härte, die man bei sich anzuwenden verpflichtet ist, nicht auf seine Mitmenschen zu übertragen. Andere Gesinnungen, Einstellungen, Gewohnheiten einfach zu tolerieren heißt die tägliche Übung. Eine Art Verhaltenstherapie bei sich anzuwenden, indem man gegen sich selbst unnachgiebig bleibt, sich beim anderen aber nachsichtig und barmherzig zeigt. Nichts anderes also, als was Shri Caitanya in Seinem *Śri Śiksāstaka* sagt: »...demütiger als das Stroh in der Gasse, duldsamer als ein Baum, frei von allem falschen Geltungsbedürfnis und stets bereit, anderen allen Respekt zu erweisen, ohne Ehre für sich selbst zu erwarten...« Was für ein Vorhaben! Das nenne ich wahrlich über den eigenen Schatten springen!

Aus diesem Grunde bin ich auch so bestrebt, mit Menschen Gemeinschaft zu haben, die in diesem immerwährenden Lernprozeß weiter sind als ich. Auch über das Leben bedeutender und großer Persönlichkeiten zu lesen und von ihrem Kampf und Wirken für die Menschheit zu hören, gibt mir immer wieder Auftrieb und Ansporn. Das heißt auch, einfach nicht nachzulassen bei diesem angestrebten Bewußtseinswandel, dem sich jeder Mensch auf seinem Weg zurück zu Gott zu unterziehen hat. In diesem Punkt sind sich alle Religionen einig. Nur praktiziert wird es so gut wie nie. Und die Wege dorthin werden unterschiedlich ausgelegt und angewandt.

Mahatma Gandhi war eine der Leitfiguren, die viele Menschen aufzurütteln verstanden. Als Führer der indischen Freiheitsbewegung wandte er jahrelang die damals ungewöhnlichen Mittel – wie Boykott und Blockaden – an, um zuerst seine Landsleute aufzurütteln. und sein Ziel, das Land von der britischen Kolonialherschaft zu befreien, anzustreben und danach die ganze restliche Welt darauf aufmerksam zu machen. Er war ein sehr religiös eingestellter politischer Führer, der sich auch durch höhere Sicht geleitet wußte. Als er im Jahre 1948 ermordet wurde – kaum ein Jahr, nachdem der indische Staat ausgerufen und die Fremdherrschaft beendet war –, hatte er gerade eine Fastenwoche beendet und in seinem Haus bei Delhi zu einer öffentlichen Gebetsveranstaltung aufgerufen. Die Tatsache, daß er als Prediger und Verfechter der Gewaltlosigkeit durch Gewalt umkam, kann natürlich nur als das Einlösen karmischer Schuld gedeutet werden. Shrila Prabhupada kannte ihn ganz gut und war vor seinem Tod sogar zweimal zu Gesprächen mit ihm zusammengekommen. Er hatte ihn obendrein gewarnt und mit ihm über die Gefahr gesprochen, der er sich aussetzte. Übrigens hat auch Gandhi einmal seiner Frau – kurz nach der Gründung seines *āshrama* – befohlen, ihren Kastendünkel durch das Putzen der Toiletten zu überwinden. Ich bin ja nur froh, daß mir niemand diese Demutsübung auftragen mußte, der Hinweis während der Vorlesung hatte gottlob genügt.

Bei mir scheint das angewandte Prinzip der Selbstüberwindung gut funktioniert zu haben. Aber trotz allem will ich nicht verschweigen, daß ich die ersten Jahre auf meinem Weg der spirituellen Selbstfindung den anderen Gruppenmitgliedern gegenüber nicht immer so verständnisvoll war, wie ich hätte sein sollen. »Wie können sie sich als *devotees* bloß so verhalten?« fragte ich mich oft verärgert. »Welche Diskrepanz zwischen dem, was dieser Pfad abverlangt und wie diese jungen Schüler in der Praxis auf gewisse Situationen reagieren!« Doch auch diese eifernde Einstellung, die übrigens bei vielen sogenannten Esoterikern zu finden ist, hat sich im Laufe meiner steten Ausübung des *Bhakti-Yoga*, als dem dynamischen Prozeß einer inneren Evolution – wie man es auch bezeichnen kann –, gewandelt. Hier ist sehr gut das Sprichwort anzuwenden: »Laßt Taten sprechen!« In meine Sprache übertragen: Nur was jemand tut, nicht was er sagt, ist entscheidend!

Um nun aber die Lehre über den sogenannten »niederen Dienst« zu einem Abschluß zu bringen, möchte ich wieder einmal meinen spirituellen Lehrer zitieren, der dieses Problem der »würdigen« oder »unwürdigen« Arbeit einen typischen Ausdruck von Unpersönlichkeitsphilosophie nennt, der besagt: »Dies ist nicht meine Aufgabe, nicht mein Dienst. Ich mache wichtigere Dinge!« Doch wer Yoga praktiziert, sich also auf dem spirituellen Weg befindet, muß vor allem Demut lernen. Und jede Bewährungsprobe ist dafür gut genug. Es hilft einem nämlich nicht weiter, wie ein *Brahmane*, ein Mitglied der höchsten Gesellschaftsschicht, zu reagieren, dessen Kastenstolz ihn davon abhält, niedere, nicht standesgemäße Dienste auszuführen.

Die drei Wochen meiner ersten Indienreise, dieser bewegende Aufenthalt in Krishnas heiligem Land mit all den gewaltigen neuen Eindrücken und den Umstellungen, die mir abverlangt wurden, ging wie im Flug vorüber. Manches habe ich nahezu wie im Traumzustand erlebt.

Und das Abschiednehmen von diesem wunderbaren, farbigen, lebendigen Kontinent mit dem völlig anderen Zeitwertgefühl und all den unbeschreiblichen Impulsen, die mir vermittelt wurden, fiel mir nur deshalb nicht schwer, weil ich ganz sicher wußte, bald schon wiederzukommen. Auch mein neugewähltes Aufgabenfeld auf dem Wohltätigkeitssektor würde mich ja immer wieder herführen.

Dieses Gefühl half mir ganz gut bei der Rückkehr in die westliche Hemisphäre. In diese so ganz anders geartete Zivilisation, die sich als Wegwerf- und Konsumgesellschaft vor allem dem Genußprinzip und dem Nachjagen nach irdischen Gütern verschrieben hat und deshalb die Menschen mit ihrem Konkurrenzdenken aufreibt. Für mich hatte sich in Indien die Sicht der Dinge merklich verschoben. Nach der verklärten Atmosphäre, die von all den heiligen Orten ausging, die ich besucht hatte, wirkte das Zurückkommen in diese westlichen Verhältnisse wie ein Schock. Ich hatte mich mit meiner neu erworbenen Einstellung fast zu abrupt umzustellen: Konfrontation und zugleich Herausforderung. Denn es fiel mir nicht ganz leicht, mich unseren Gepflogenheiten, dem viel hektischeren Lebensrhythmus und -stil wieder zu stellen und ihn mit meinem veränderten Bewußtsein in Einklang zu bringen.

Die höhere Schwingung, die über jenen Landstrichen Indiens liegt, mußte nun auf diese weitaus niedrigere umgepolt werden. Damals konnte ich die wahren Ursachen meiner seelischen Verstimmung nicht durchschauen. Es schienen rein emotionale Empfindungen zu sein, denen ich ausgeliefert war. Als ich in Frankfurt das Flugzeug verließ, trug ich zwar wieder europäische Reisekleidung, aber meine Erlebniswelt hatte sich noch nicht wieder auf all die alten Gegebenheiten umgestellt. Ich kam mir richtiggehend entwurzelt vor. Auf indischem Boden hatte ich mich in die gehobenere Gemütsstimmung problemlos einpendeln können. Hier nun fehlte mir buchstäblich die reine Luft zum Atmen.

Als ich meine gemütliche Zweizimmerwohnung in Nordschwabing betrat, die mir seit mehr als 20 Jahren mehr oder weniger als Kofferumpackstelle dient, fiel mir fast die Decke auf den Kopf. Und ich nahm mir spontan vor, sobald mein Terminplan mir dazu Zeit lassen würde, die Wohnung völlig umzukrempeln. Alles war mir auf einmal zu überladen und zu dunkel. Die Möbel, die Wände, alles. Ich ergötzte mich an der Idee, mit welch lichten, hellen Farben ich mich umgeben wollte. Und das haben mein Vater und ich dann auch tatsächlich gemeinsam getan.

Abgesehen davon blieb mir sonst glücklicherweise wenig Zeit, mich in die verklärenden Erlebnisse meiner Indieneindrücke einzulullen. Die Gegenwart und der Terminkalender stellten ganz andere Anforderungen. Auch meine Agentin kommentierte verständnisvoll, aber unnachgiebig: »Alles gut und schön, aber jetzt bist du wieder hier. Danke deinem Schöpfer, daß du gefragt bist und auf eine so angenehme Art und Weise dein Geld verdienen kannst. Du bist vom Schicksal bevorzugt, versündige dich nicht!«

Und meine Mutter versuchte mir mit anderen Worten, auf ihre Art, ungefähr das gleiche zu vermitteln. Vater indessen schüttelte nach wie vor nur verständnislos den Kopf über meinen »religiösen Spleen«.

All diese Belehrungen und Bekundungen meiner nächsten Verwandten und Mitmenschen waren natürlich nur gutgemeint und sollten helfen, mich in die »Realität« zurückzuholen. Aber als Zwillingsgeborene, die schon aufgrund ihrer astrologischen Daten mit einem »Doppelleben« keinerlei Schwierigkeiten haben sollte, gelang es mir bald, mich auf die Realitäten und Erfordernisse einzustellen und dem rationelleren Teil meines Naturells rasch wieder den Raum zu geben, der vonnöten war.

Eine Theatertournee mit der Komödie *Die Eule und das Kätzchen* stand für die nächsten zwei Monate auf meinem ganz persönlichen Spielplan. Publikumsliebling Harald Juhnke sollte dabei wieder mein Partner sein. Wir hatten das Stück ja bereits vor stets ausverkauftem Haus in der Hamburger »Komödie« gespielt. Ich schätze Harald, diesen großartigen Komödianten, sehr und bewundere seine geradezu geniale Vielseitigkeit ohne Einschränkungen. Obwohl mir selbstverständlich seine Anfälligkeit für Hochprozentiges bestens bekannt ist. Seine gelegentlichen, heftigen Ausfallerscheinungen, die irgendwie periodischaufzutreten scheinen und ihn auf so fatale Weise verändern, hatte die Schweizer Theaterunternehmer allerdings nicht davon abgehalten, eine Städtetournee mit uns zu planen.

Bevor ich aber fortfahre, all die geradezu vorprogrammierten Schwierigkeiten einer Tournee mit Harald zu schildern, sollte ich vielleicht doch lieber erst einen Sprung zurück machen und berichten, wie es eigentlich dazu kam, daß ich mich von der geradezu stinknormalen, fröhlich-ernsthaften, immer aufstrebenden Christiane mit der lebhaft-sinnenfrohen Vergangenheit – wie durch einen Salto mortale – mental dermaßen verädert habe. Ich habe damals mein ganzes geistiges Wesen ohne Rücksicht auf die Meinung anderer von Innen nach Außen gekehrt und hatte vor, zu einer – stark spirituellen Empfindungen hingegebenen – verantwortungsvollen Frau zu werden, deren erstes Anliegen es ist, mit all ihrem Sein, Tun und Denken Gott zu dienen.

Ich muß allerdings ein wenig ausholen, um diesen allmählichen Entwicklungsprozeß einigermaßen begreiflich zu machen. Und manches davon wird sicherlich trotzdem für den einen oder anderen unbegreiflich bleiben.

2

Es gibt zweierlei Geburt des Menschen:
eine in die Welt hinein und eine aus
der Welt hinaus und in Gott hinein...
Meister Eckehart

Umbruch und Wandlung

Wenn ich heute im Nachhinein die dramatischen Geschehnisse betrachte, die mein Leben in so drastischer Weise verändert haben,erfüllt mich noch immer eine tiefe Dankbarkeit gegenüber meinem Schicksal. Und da ich davon ausgehe, daß die wesentlichen Ereignisse im Leben weitgehend vorherbestimmt sind, blicke ich auf alles Leidvolle ohne Groll zurück. Ich versuche auch nicht zu verdrängen, was ich nach meinen heutigen Erkenntnissen als die »ausgelebten Schatten« bezeichnen würde. Wir leben nun einmal in einer Welt der Gegensätze. Wir kennen Tag und Nacht, Licht und Dunkel, Gut und Böse, positiv und negativ, um nur einige Beispiele zu nennen.

Auch wenn ich mich, wie viele Mitmenschen dieser geradezu vorapokalyptischen Zeit nahe der Jahrtausendwende, aus Unwissenheit und naiver Gutartigkeit gewissen negativen Zeitströmungen nicht hatte verschließen können, so gab es doch immer auch einen inneren Motor, der meine früher mitunter fast zügellose Natur selbst wieder in ihre Grenzen verwies und veranlaßte, Ausrutscher – wie etwa meine Affäre mit dem amerikanischen Serienstar Ty Hardin, die kaum ein halbes Jahr dauerte – zu beenden, weil es Situationen gab, die mir unzumutbar schienen. Ty entpuppte sich als charakterschwacher Trunkenbold, und ich war nicht gewillt, seine Eskapaden mitzumachen. Alles in mir sperrte sich dagegen. Damals fing ich an, um nicht oft nächtelang auf ihn warten zu müssen, Schlaftabletten zu nehmen. Und als er schließlich meine Abwesenheit dazu benutzte, sich mit anderen Frauen in meiner Wohnung zu treffen, beendete ich diese stürmische Romanze. Aber ich hatte durch ihn bei meinem Besuch in Rom allerlei Interessantes über das Leben von sogenannten Hollywoodstars mitbekommen. Und ich bin ziemlich sicher, wenn ich diese Beziehung nicht zur rechten Zeit beendet hätte und mich, gegen alle Vernunft, weiterhin mit ihm eingelassen hätte, wäre sicher einiges anders verlaufen, und ich stünde heute nicht da, wo ich stehe. Was ich damit ausdrücken will ist, daß jeder einzelne von uns immer wieder an Kreuzwegen steht und seine Entscheidungen treffen muß. Heute kommt es mir fast so vor, als wäre diese Affäre sogar so etwas wie eine Bewährungsprobe für mich gewesen. Möglicherweise war ich Ty nur begegnet, um ihn als eine Art Versucher zu erleben und seinen Verführungskünsten letztendlich zu widerstehen.

Ich wußte, als ich mich ohne großes Herzeleid von ihm trennte, daß er für sich wieder eine Chance vertan hatte und es mit ihm weiter bergab gehen würde. Was leider auch wirklich passierte. Ich erfuhr von seinen unsauberen Geschäften mit Drogen und Waffen in Spanien und Südamerika. Schade um ihn. Er hätte wie wir alle die Möglichkeiten zu einer Weiterentwicklung in sich gehabt.

Früher machte ich mitunter noch Umwege und geriet in Sackgassen auf den labyrinthischen Pfaden meines Berufes in dieser Flimmerwelt des Showgeschäftes. Doch offenbar hatte ich gutes Karma aus vergangenen Existenzen, das mich davor bewahrte, mich zu sehr von den negativen Kräften unserer chaotischen, gottfernen Zeit blenden und einfangen zu lassen.

Inzwischen spare ich allerdings aus höherer Einsicht die Schatten dieser Existenz viel bewußter aus und versuche mich mit den lichtvollen Kräften, die ebenfalls um uns sind, zu verbünden.

Viele meiner Kollegen und alten Freunde können das alles nicht so recht nachvollziehen. Auch wenn es unterdessen andere aus unserem Milieu gibt, die sich ebenfalls den esoterischen Strömungen unserer Zeit zugewandt haben.

Hin und wieder gibt es in Illustrierten Berichte darüber, daß dieser oder jener Künstler sich mit Yoga befaßt oder andere esoterische Praktiken anwendet, um seinen feinstofflichen Körper weiterzuentwickeln und zu seinem Höheren Selbst zu gelangen. Um so die vierte Dimension der unsichtbaren, aber durchaus vorhandenen Welt und die kosmologische Kraft besser in sein Dasein einzubringen. Viele dieser Artikel werden allerdings leider oft von unsachlichen Reportern verfaßt, die keine Ahnung von der Materie haben. Die Berichte sind dann häufig in hämischem Ton abgefaßt, und es werden törichte Behauptungen aufgestellt, die an dem Bereich des Unfaßlichen einfach vorbeigehen. Aber glücklicherweise gibt es inzwischen immer mehr (vor allem) Journalistinnen, die sich auf grenzwissenschaftlichem Gebiet gut auskennen und somit Esoterik richtig einzuschätzen wissen. Solche Berichte erfassen dann die Thematik der vierten Dimension sehr viel besser.

Es gehört zur spirituellen Entwicklung, daß man dabei seine Intuition entwickelt. Seither habe ich inzwischen quasi ein Radargerät mit Unterscheidungsvermögen in mir, das mir sogleich die Absichten meines Gegenübers mitteilt. So daß ich mich tunlichst für unsachliche oder verlogene Geschichten, um es salopp auszudrücken, erst gar nicht mehr zur Verfügung stelle. Sollte es aber einen unwahren Bericht über mich geben, lasse ich keine Möglichkeit ungenutzt, die das Pressegesetz zuläßt, mich dagegen zu wehren. Allerdings ist man dabei hierzulande in einer weit schlechteren Position als beispielsweise in den USA, wo die Schadenersatz-Ansprüche derartig hoch sind, daß ein Redakteur gut überlegt und recherchieren läßt, bevor er etwas veröffentlicht. Aber im großen und ganzen kann ich mich eigentlich in puncto Publicity nicht beklagen.

Man ging allgemein gesehen recht freundlich mit mir um, auch wenn es vordergründig meist nur darum ging, meine körperlichen Merkmale »auszuschlachten«. Und wenn ich heute an all die Vorkommnisse denke, die letztlich zum Eklat – dem großen Zusammenbruch – geführt haben, dieser einschneidenden Krise, die meiner Umwandlung vorausging, erfüllt mich aber auch Gelassenheit, weil es in der Geschichte der verschiedenen Religionen und Mystiker dafür nämlich genügend Vorbilder gibt. Verbriefte Geschehnisse, bei denen sich die Person – sei sie nun männlich oder weiblich – zunächst dem weltlichen Dasein und irdisch-sinnlichen Treiben mehr oder weniger hingegeben hatte, bevor durch ein tiefgreifendes Ereignis, eine Vision oder ein anderes Schlüsselerlebnis, der göttliche Funke entfacht und die spirituelle Seite des Betreffenden zum Vorschein kam und die Erweckung in ein sehr viel bewußteres, gottgefälligeres Leben eingeleitet wurde.

Da ist zum Beispiel Franz von Assisi, der als Sohn eines wohlhabenden Tuchhändlers in seinem Heimatort ein äußerst vergnügtes und ausschweifendes Leben führte, bis ihn der Ruf erreichte und er sich zu einer totalen Umkehr, der Abkehr von der Welt und den Gefahren des Bösen, entschloß. Um durch Gebet, Meditation und Kasteiung sowie durch das Gebot der Armut und Bedürfnislosigkeit, ein Leben in der Nachfolge Christi zu führen. Nicht zuletzt auch, um der herrschenden Kirche in Rom und den damals regierenden Päpsten mit ihren allzu weltlichen Machtgelüsten durch sein Vorbild zu zeigen, wie weit die Christenheit bereits von der wahren Lehre ihres Religionsstifters und vom Weg zu Gott abgekommen war.

Die aussagekräftige Geschichte des ehemaligen Christengegners Saulus fällt mir deshalb ein, weil in einem gegnerischen Schriftsatz vor Gericht über mich einmal zu lesen war: »Aus der Saula wurde eine Paula.« Saulus verfolgte, von fanatischem Haß getrieben, kurz nach dem Tode von Jesus dessen Jünger und die ersten bekehrten Christen. Wurde aber dann, auf dem Weg nach Damaskus, von einer Vision des Erlösers geblendet und erblindete kurzzeitig, um dadurch seine totale Wandlung zu erfahren.

Was zur Folge hatte, daß er sich gläubig und kenntnisreich fortan in den Dienst der neuerworbenen Lehre stellte und die allumfassende Kraft der Liebe auch in den Ländern der »Heiden« predigte.

Natürlich fand dieser religiös-übersinnliche Erweckungsprozeß genauso bei Frauen statt. So etwa bei der für mich besonders faszinierenden Teresa von Avila, der größten Mystikerin des 16. Jahrhunderts. Die Nonne aus Kastilien war als junges herumtändelndes Geschöpf mit schwankendem Glauben ins Kloster gekommen. Zunächst beteiligte sie sich an den weltlichen Besuchstagen im Kloster mit Koketterie und unnützem Geschwätz, bis sie der innere Ruf erreichte und sie ihr Denken, Handeln und Tun total umstellte und zur tiefgläubigen Klosterreformatorin und Gründerin ihres eigenen Ordens wurde. Sie verfaßte das heute noch gültige spirituelle Werk *Die innere Burg*, worin sie das beschreibt, was zur inneren Reinigung, Läuterung und Vergeistigung bis zur Transformation der Sinne nötig ist.

Regeln, die unabhängig von allen Zwängen und Dogmen kirchlicher Lehren jedes menschliche Wesen zu seiner eigenen Spiritualität und damit zu seinem Höheren Selbst und zu Gott zurückbringen können.

Und dann sind da auch noch die ungezählten Beispiele aus den vedischen Schriften, wie zum Beispiel Maharaja Ambarisha, der zu seiner Zeit König und gleichzeitig ein großer Gottgeweihter war. Ebenso wie Bhaktivinode Thakur, ein bengalischer Magistrat (nach dem Gouverneur damals das höchste Amt im Lande), der neben seiner Ausübung als Oberster Richter unter anderem viele religiöse Schriften verfaßte und als reiner Gottgeweihter in die Geschichte einging.

Diese historischen Beispiele führe ich nur an, um begreiflich zu machen, was es mit der religiösen Umkehr eines vormals weltzugewandten Menschen auf sich haben kann. Aber ich möchte auch erwähnen, daß man so etwas nicht vorsätzlich oder bewußt herbeiführen kann. Es widerfährt einem. Man wird dazu geführt. Davon eingeholt.

Es war reine Verzweiflung, die mich im April 1979, eine Woche vor Ostern, dazu trieb, mit meinem Leben Schluß zu machen. Einem Leben, das ich zum damaligen Zeitpunkt unter den gegebenen Umständen nicht mehr fähig war, weiterzuleben. Der Umstand, daß ich in Wiesbaden, wo ich mich gerade zu einem Wochenendbesuch aufhielt, in der Halle meines Hotels vor verschlossener Eingangstür bewußtlos aufgefunden, mit Blaulicht ins städtische Krankenhaus eingeliefert und dort sofort auf die Intensivstation gebracht wurde, brachte mich seinerzeit in der Berliner BZ sogar in die Schlagzeilen. Man könnte von diesen fetten Lettern auf der ersten Seite einer vielgelesenen Tageszeitung auf eine sehr erwünschte, unbezahlbare Publicity schließen. Aber das wäre reichlich zynisch. Wenngleich eben der Grund, der mich so großartig in die Presse brachte, nicht ohne makabere Komponente war. Denn natürlich wurde diese Meldung »Christiane Rücker – Theaterstar in Berlin – zusammengebrochen: sofort unter das Sauerstoffzelt«, mitsamt einem Begleitartikel auf Seite zwei, wie üblich von vielen anderen Blättern nachgedruckt. Denn es sind ja leider vor allem die spektakulären Geschichten, die Schlagzeilen einbringen, und keineswegs etwa künstlerische Leistungen. Die stehen, wenn überhaupt, eher auf Seite drei, kleingedruckt, und finden kaum Beachtung. In jener besagten BZ-Ausgabe, die meinen Zusammenbruch so groß mitteilte, stand allerdings ein »geschönter« Bericht. Dort war nämlich zu lesen, daß ich mit einer Kolik und akutem Nierenversagen zusammengebrochen und vom Hotelpersonal aufgefunden worden sei. Gerade noch rechtzeitig. Letzteres war der einzige Satz, der mit der Wahrheit tatsächlich übereinstimmte.

Ich hatte nach einem Schockerlebnis mindestens zwanzig der von mir zwar stets mitgeführten, aber nie benutzten Schlaftabletten, zusammen mit sämtlichen scheußlichen Alkoholika, die ich in der Minibar meines Hotelzimmers finden konnte, bedingungslos in mich hineingeschüttet.

Das Stück übrigens, das ich zu dieser Zeit an der Berliner »Komödie am Kurfürstendamm« zu proben begonnen hatte, hieß beziehungsreich »Wie man sich bettet...«. Und eine Anzüglichkeit, nämlich auf das Geschehene und diesen Titel hinzuweisen, konnte sich der Redakteur der BZ selbstverständlich nicht verkneifen.

Meine gewitzte, allen Situationen gewachsene Agentin Ruth war zwar entsetzt über meine Tat und zutiefst betroffen. Aber sie baute sofort eine hieb- und stichfeste Geschichte auf und ließ sich natürlich auch von den bohrenden Fragen einiger Reporter nicht ins Bockshorn jagen. Auch gab sie meiner Mutter sogleich die nötigen Anweisungen, wie sie sich am Telefon zu verhalten hätte, und veranlaßte außerdem die sofortige Umbesetzung meiner Rolle in Berlin. Die Ärzte im Krankenhaus ließen sich sowieso nicht interviewen oder verwiesen auf ihre Schweigepflicht. So blieb die Legende vom Zusammenbruch nebst Nierenkolik glaubwürdig bestehen. Denn eine Schlagzeile wie etwa: »Christiane Rücker versuchte sich aus Liebeskummer das Leben zu nehmen« war genau das, was um jeden Preis vermieden werden sollte. Und glücklicherweise war ich ja kein Superstar und bisher auch nie so skandalträchtig, daß sich ein Reporter quasi auf eigene Faust darangemacht hätte, die wahre Story herauszufinden.

Die Folgen hatte ich natürlich überhaupt nicht bedacht, weil es ja nach meiner Ansicht für mich ein Weiterleben nach diesem plötzlichen Entschluß nicht mehr gab. Mir war es im wahrsten Sinn des Wortes todernst gewesen.

Heute, zehn Jahre danach, kann ich das Debakel kaum mehr nachvollziehen. Es ist etwas, das mir damals geradezu zwanghaft passieren mußte. Und mein ansonsten recht gutes Gedächtnis weist ausgerechnet, was diese Vorkommnisse betrifft, ganz erhebliche Lücken auf. Ich konnte mich an bestimmte Einzelheiten beim besten Willen nicht mehr erinnern. Ich mußte mir nach meiner Genesung diese ganze Phase mühsam von den unmittelbar Beteiligten wieder und wieder erzählen lassen, bis ich endlich alles einigermaßen lückenlos zusammenbekam.

Ich denke, es wird jedem einleuchten, daß jenes letzte, auslösende Moment, das mich in Wiesbaden so gefährlich an den Rand dieser Existenz brachte, nur die Quintessenz vorhergegangener Ereignisse und Erlebnisse gewesen sein konnte. Es müssen schon eine ganze Menge nicht zu bewältigende emotionale Grenzsituationen zusammenkommen, daß jemand wie ich, diszipliniert und pflichtbewußt sowohl in privater als auch beruflicher Hinsicht, sich zu solch einer unkontrollierten Handlung, nach dem Motto: nach mir die Sintflut! hinreißen läßt.

Heute, aus einer neuen Sicht, gelingt es mir in kühler Distanz sogar, darüber Betrachtungen anzustellen. Ich bin sicher, daß alles so hat kommen müssen. Daß es ein geradezu unumgängliches Ereignis mit einer bestimmten Reinkarnationsmotorik gewesen sein muß, das – durch gewisse planetarische Konstellationen ausgelöst – durch das dramatische Ende, das dabei stattfand (ich war auf der Intensivstation klinisch tot), die geistige Umkehr einleitete und den vorbestimmten spirituellen Weg überhaupt erst möglich machte.

Obwohl ich von der kosmologischen Einstrahlung der Gestirnskonstellationen auf das Leben und Wirken ebenso wie von der Geburtskonditionierung eines Grundhoroskops jedes einzelnen seit langem überzeugt bin, habe ich mich nie darum bemüht, mir ein eigenes Kosmogramm ausrechnen und mich von Zeit zu Zeit astrologisch beraten zu lassen. Andere haben das erstaunlicherweise immer wieder für mich besorgt. Denn so seltsam es klingen mag, es wurde von drei verschiedenen Personen, ganz ohne mein Wissen, bei verschiedenen Sterndeutern mein Horoskop in Auftrag gegeben. Und mir dann mit herzlichen Grüßen ins Haus geschickt. Das letzte war eine Computeranalyse meiner Daten, in der mir neben vielem anderen bestätigt wurde, eine Zwillingsgeborene mit Zwillings-Aszendenten zu sein. Ich habe mir nach dem Krankenhausaufenthalt vorgenommen, doch eine Astrologin zu konsultieren.

Ich besuchte eine Münchner Psycho- und Kosmologin, zu der mir eine Freundin, die sich von Berufs wegen mit esoterischen Praktiken befaßt, geraten hatte. Einfach um auf diese Weise von einer völlig unabhängigen Expertin noch Genaueres über die Gestirnseinwirkungen zu erfahren, die zu jener Auswirkung im April 1979 geführt haben. Ich werde an anderer Stelle noch näher darauf eingehen.

Was aber doch auch noch in diesem Zusammenhang beachtenswert scheint, sind meine Handlinien. Meine relativ lange und klare Lebenslinie zum Beispiel ist etwa in der Mitte deutlich unterbrochen. Ein Umstand, der schon manche Handleserin, ob sie nun ernsthaft oder nur spielerisch Voraussagen machte, zu einem tiefen Seufzer oder Ausruf des Schreckens veranlaßt hat. Diese »Orakeltanten«, die meist aus dem Theatermilieu stammten (Julia Migenes, die ich von Wien her kenne, sowie Elma Karlowa, mit der ich in Jugoslawien gedreht habe, gehören dazu), haben mich allesamt nichtsdestotrotz ermutigt und mir prophezeit, daß es dennoch weiterginge. Daß ich im Gegenteil überhaupt erst noch richtig zu mir selbst finden würde. Eine dieser Handlinien-Deuterinnen hatte sogar festgestellt: »Zuerst muß eine Phase deines Lebens mit Karacho zu Ende gehen, damit eine neue, um vieles bessere, beginnen kann.« Sie hatte wohl wirklich hellseherische Fähigkeiten, obwohl ich mit ihrer Aussage zur damaligen Zeit überhaupt nichts anzufangen wußte und dic ganze Prophezeiung erst einmal völlig vergaß.

Da ich heute, aus meiner derzeitigen Betrachtungsweise größerer ganzheitlicher Zusammenhänge davon ausgehe, daß die individuellen und sich auf unser Leben auswirkenden Daten und Zyklen in Wechselwirkung mit allem stehen, was uns karmisch zugedacht ist, und es im Leben jedes einzelnen gewisse Prädestinationen gibt, denen man nicht ausweichen kann, sehe ich die Ereignisse von damals naturgemäß in einem weitaus sachlicheren Licht.

Wenn ich aus dem Blickwinkel heutiger Erfahrungen und aus zehnjähriger Distanz über jenes einschneidende Ereignis meiner mißglückten Selbstentleibung nachdenke, fällt es mir nicht leicht, all die Ereignisse noch einmal nachzuvollziehen. Mein Erinnerungsvermögen scheint bei Einzelheiten noch immer erstaunlich blockiert. Möglicherweise wäre bei einer Befragung unter Hypnose etwas mehr zu erfahren und vor allem mein Tiefenbewußtsein könnte Auskunft darüber geben, wo ich mich während der vier Tage, als ich auf der Intensivstation in Koma lag, befand und welche Metamorphose mit meinem feinstofflichen Leib geschah. Bis jetzt kann ich nur sagen, daß ich lediglich bereits beim Auftauchen aus dieser Bewußtlosigkeit eine andere war.

Heute ist mir auch völlig klar, daß niemand Hand an sich legen soll. Man bekommt dieses Leben nicht, um es wegzuwerfen und sich, aus welchen Gründen auch immer, vor der Verantwortung zu drücken. Alle philosophischen und religiösen Lehren sind sich darüber einig, daß dies kein Ausweg sein kann. Auch darin, daß dieses irdische Dasein ein Gottesgeschenk ist. Und man vor allem auf die Welt kam, um seine Lektionen zu lernen und durch den Umgang mit den Mitmenschen – ganz besonders in komplizierten Situationen – zu begreifen, daß alle Schwierigkeiten lediglich Bewährungsproben darstellen, die man überwinden kann und muß, um endlich den Weg zurück zu Gott zu finden. Weder eine andauernde Hoffnungslosigkeit noch die scheinbar unlösbare Problematik einer Situation verleihen einem das Recht, sich ins Jenseits zu befördern. Ich jedenfalls hatte unglaubliches Glück, daß meine ernstgemeinte Absicht fehlschlug und ich noch einmal zurückkehren durfte.

Selbstmord, ob er nun gelungen ist oder nicht, wird immer wieder mit Vorliebe literarisch verarbeitet. Doktorarbeiten über Gründe, innere Motive und Moral werden von angehenden Psychologen, Psychiatern und Theologen verfaßt. Meine höchst eigene Erfahrung in dieser Angelegenheit könnte man vielleicht in das Kapitel »enttäuschte Lebens- und Liebeserwartung« einordnen. Und solch eine illusionäre Erwartungshaltung muß zwangsläufig in der Konfrontation mit der Realität zu einer Krise und vielleicht auch sogar zu einem Zusammenbruch führen.

Ich war damals offiziell immer noch mit meinem Dauerverlobten Wolfgang liiert. Das war nach meiner Scheidung und einigen anderen Affären. Wolfgang führte nach abgebrochenem Medizinstudium als selbständiger Manager eine Agentur in Wien. Eine Heirat mit ihm hatte ich immer aufgeschoben. Obwohl wir uns sehr gut verstanden und in vielen Punkten ergänzten. Meine Karriere ging bestens voran, und mein Prominentenstatus verlieh mir allerlei Sonderrechte. Wolfi lehrte mich, mit gutem Gewissen von ihnen Gebrauch zu machen. Und weil eine zweite Ehe mit all den legitimierten Abhängigkeiten aus den verschiedensten Gründen von mir sehr überlegt sein wollte, kamen wir überein, uns jedes Jahr wieder erneut zu verloben. Insgesamt achtmal. Ich prägte damals den äußerst dämlichen Spruch: »Wir sind modern verheiratet, wir tragen die Ringe unter den Augen!« »Aber nicht mehr lange«, war neuerdings Wolfis lakonische Antwort gewesen, »ich lass' mich nämlich nicht mehr lange hinhalten!«

Auch in der Öffentlichkeit galt der sechs Jahre jüngere Mann als mein Lebensgefährte, aber wir waren sehr oft getrennt. Ich spielte zwar auch in Wien, meist aber in Berlin, Hamburg, Frankfurt oder Köln Theater und verdiente zunächst einiges mehr als er. Half ihm auch mitunter finanziell und bürgte selbstverständlich für den Aufbau seiner Firma.

Insgeheim aber war ich seit etwas mehr als einem Jahr eine sehr viel intensivere und für mich bedeutungsvollere Liebesverbindung eingegangen. Diese Beziehung war insofern so außerordentlich wichtig für mich, weil mir dieser Mann und Kollege, Autor und Regisseur geistig überlegen und vor allem auch altersmäßig passender schien. Andreas war nicht mein Traummann. Aber er war eben in jeder Hinsicht absolut richtig. Und das nicht nur, weil er es mit seiner dunkelhaarigen, markanten männlichen Ausstrahlung mit jedem Hollywoodstar der Sonderklasse hätte aufnehmen können. Er war mir auch als Persönlicheit äußerst vertraut, und unsere Schwingungen ergänzten sich so, daß ich mich, mit meiner durch ihn erweckten neuen Liebesfähigkeit, dieser Beziehung mit ganzer Leidenschaft hingab. Die Sache hatte nur einen Haken: Andreas war seit fünfzehn Jahren gut verheiratet. Hatte eine halbwüchsige Tochter. Und ich schrieb meinen unbedingten Vorsatz: niemals eine Liaison mit einem Verheirateten! zum ersten Mal in den Wind. Und wenn er zu den verschiedensten Anlässen seufzte: »Ach hätte ich dich doch bloß schon damals getroffen!«, klang das wie holde Musik in meinen törichten Ohren.

Getroffen hatten wir uns zum ersten Mal bei den Theaterproben für ein Tourneestück. Einer Kostümkomödie, in der ich eine emanzipierte Lady, die sich aus Liebe als Soldat verdingt, an seiner Seite spielte. Ich kann wirklich nicht behaupten, daß es bei mir sofort gefunkt hätte. Ich war aber auch auf kein Abenteuer aus. Ich stand im Gegenteil kurz davor, endlich nachzugeben und Wolfi zu heiraten. Er fiel mir allerdings selbstverständlich sofort seiner enormen Ausstrahlung wegen auf. Und mich beschäftigte die Frage, warum ein Kerl wie er, ausgestattet mit allen wünschenswerten Attributen, nicht längst Weltkarriere gemacht hatte. Denn bis dato war mir weder er noch sein Name irgendwo begegnet.

Bei ihm, so erfuhr ich später, hat es sehr viel schneller geklingelt. Deshalb lächelte er mich wohl auch manchmal während einer Probe so merkwürdig vielsagend an. Aber ich bewegte mich noch auf einem völlig anderen Gleis. Wollte einfach nichts wahrhaben. Kam auch nie auf die Idee, ihn etwa nach einer Probe zu einem Drink bei mir zu Hause einzuladen oder den Text mit ihm gemeinsam zu lernen. Das einzige, was mir allerdings manchmal durch den Kopf schoß, war die Frage, wie das wohl bei der drei Monate dauernden Tournee mit dem Ensemble ablaufen würde. Denn schon bei den Proben gab es einige unvermeidliche Berührungsszenen. So wollte zum Beispiel der Regisseur eine Umarmung möglichst echt sehen, wohingegen ich vehement dafür plädierte, diese komische Szene doch nur anzudeuten. Was ich allerdings aufgrund einer anderen Rollenauffassung tat. Nicht, wie Andreas mir später scherzhaft vorhielt, weil ich ihn nicht küssen wollte.

Schließlich war das ja alles ein alter Hut für mich. Denn anscheinend verliebt sich eben jeder Partner während eines Stückes in seine Partnerin. Und ich war wohl nun einmal für viele Männer eine Art Lustobjekt. Auch wenn ich wirklich nicht bewußt darauf aus war. In jedem Ensemble gab es mindestens einen Kollegen, verheiratet oder nicht, der mir – mehr oder weniger unverblümt – Angebote machte. Auch wenn dabei lediglich die günstige Gelegenheit genutzt werden sollte, als Bühnenpartner ein bequemes Bettverhältnis einzugehen. Hätte ich all diese nettgemeinten Aufforderungen erfüllt, wäre ich wirklich eine Art »Hure vom Dienst« geworden. Doch davor bin ich glücklicherweise immer gefeit gewesen. Dafür war wohl meine brave kleinbürgerliche Erziehung ebenso wie mein ausgeprägter Sinn für das, was ich meiner Natur gemäß für Liebe hielt, verantwortlich.

Ich reflektiere hier bewußt über diesen Umstand und habe diesbezüglich auch einige Anekdoten parat, wie ich solch beruflich-privaten Herausforderungen begegnete, ohne den Kollegen vor den Kopf zu stoßen oder zu verprellen. Denn schließlich mußte ich auch nach erfolgreicher Abwehr dieser oder jener Liebesattacke noch ein paar Monate mit dem Abgewiesenen allabendlich auf der Bühne agieren und mitunter sogar glaubhafte Liebesszenen darstellen.

Daß es bei Andreas (der stets nach Hause zu seiner Familie ging und, wie man mir zuflüsterte, ab und zu schon mal nebenher irgendeine andere Beziehung laufen hatte) anders werden sollte, ahnte ich mit meinen damals noch immer etwas unbedarften Sinnen nicht. Möglicherweise witterte mein Unterbewußtsein eine gewisse Gefahr, aber ich hörte nicht darauf. Denn es gibt eben im Leben jedes einzelnen gewisse Begegnungen, die unausweichlich scheinen. Und dem wollte ich mich nie, aus falsch verstandener Prüderie etwa, entziehen.

Im Milieu des Showgeschäftes, zu dem man heutzutage die Darsteller von Bühne, Film und Fernsehen nach amerikanischer Manier zählt, sind die Versuchungen und Gelegenheiten wechselnder Liebesbeziehungen natürlich verstärkt vorhanden. Und obwohl das fahrende Volk gesellschaftlich zwar längst akzeptiert ist und in England ja sogar berühmte Kollegen von der Königin mit dem Titel ›Sir‹ bedacht werden, geht es bei ihm doch immer noch unbürgerlicher – besonders in bezug auf den Partnerwechsel – zu. Wenn auch nach bestimmten ungeschriebenen Regeln, die, obwohl auch unkonventieller, mitunter durchaus moralischer sind, als es die sogenannte gute Gesellschaft wahrhaben will.

Für Andreas war ich, wie ich später erfuhr, vor allem eine temperamentvolle Kollegin, die auf ihn eine ungebrochene Vitalität ausstrahlte und die einen geistig-interessierten und – trotz einiger bekannter textilärmerer Kinolustspiele – zugleich unverdorbenen Eindruck machte. Er wollte mich. Und als wir unsere Tournee begonnen hatten und täglich – wenn auch in getrennten Zimmern – im gleichen Hotel schliefen, nachdem wir unser Mantel- und Degenstück auf der Bühne absolviert hatten, bekam er mich auch. Und ab diesem Punkt nahm das Geplänkel zwischen uns unverkennbar ernstere Züge an. Denn jetzt wollte ich ihn auch. Im Bus, während das Ensemble von Stadt zu Stadt, von Quartier zu Quartier gefahren wurde, hatte er seinen Platz eine Sitzreihe vor mir. Und ich hörte ihm oder der Musik, die er hörte, durch Kopfhörer verbunden, gerne zu. Wir lachten und plauderten. Und ich war gefangen von seiner Bildung und der Art und Weise, wie er sich mir mitteilte. Seine Persönlichkeit strahlte etwas auf mich aus, dem ich eigentlich gar nicht wirklich widerstehen wollte.

Er lachte sich kaputt, wenn ich darauf bestand, die Vorhänge zu schließen, weil die Sonne für mein Schamgefühl viel zu hell ins Hotelzimmer schien. Ich erlebte in seiner Umarmung eine neue, weitaus tiefere und ganz andere, sehr viel bewegendere Schwingung, als ich sie je gekannt hatte. Wir zogen uns, und das war das Umwerfende an dieser Beziehung, nicht nur körperlich und geistig an, was ja für viele Liebespaare schon ausreicht, um sich im siebten Himmel zu fühlen. Die neue Qualität dieser Beziehung war außerdem noch, daß es da auch eine seelische Verbindung gab, mit einem Déjà-vu-Effekt, den ich zu Beginn unserer leidenschaftlichen Liaison noch gar nicht so recht einzuordnen wußte. Von der ich erst heute, aus meiner vieldimensional-übersinnlichen Betrachtungsweise heraus, sicher bin, daß es ein Wiedererkennen der Seelen aus vergangenen Existenzen gewesen sein muß. Auch wenn ich bis jetzt noch nicht genau dahintergekommen bin, welche tieferen karmischen Motive uns in diesem Leben und genau zu dem Zeitpunkt aneinandergeraten ließen.

In meinen vorangegangenen Beziehungen, auch in meiner dreijährigen Jugendehe, die ich beendete, als ich endlich etwas mehr ich selbst wurde und einen, für meine damalige Entwicklung wichtigen, anderen Partner kennenlernte, war ich hingebungsvoll die dienende Gefährtin. Einfach weil meine Natur es nicht besser wußte und ich das auch völlig in Ordnung fand. Sehr zum einseitigen Vergnügen meines jeweiligen Partners.

Diesmal kam mir mit Andreas überhaupt alles anders vor. Es war tatsächlich eine nachgerade ideale Partnerschaft, mit all den sich gegenseitig ergänzenden Eigenschaften.

Der Umstand aber, daß Andreas verheiratet war, wurde mir zum ersten Mal schmerzlich bewußt, als wir – unabhängig voneinander – im letzten Tourneedrittel beide Besuch erhielten. Mich besuchte während dieser dreitägigen Pause natürlich Wolfgang, der Gott sei Dank so sehr in gravierende existentielle Probleme verstrickt war, daß ihm meine deutliche Veränderung nicht auffiel. Wir waren voll und ganz damit beschäftigt, die Problematik seiner Entscheidungen abzuwägen, und aus naheliegenden Gründen ging ich diesmal mit besonderem Verständnis und ungeahnter Milde auf ihn ein.

Was den Besuch von Andreas' attraktiver Ehefrau betraf, die in Begleitung ihres Tennispartners angereist war, so schwieg er sich – mehr oder weniger – diskret über das Zusammensein aus. Er war überhaupt, was seine persönlichen Belange und seine Familie betraf, äußerst wortkarg. Während ich durch die Beziehung zu ihm und die dadurch ausgelösten Empfindungen zunehmend mitteilsamer und aufgeschlossener im Umgang mit den Menschen wurde. Seine einzige Äußerung nach diesen Erlanger Besuchstagen, nachdem der Tourneebetrieb wieder in gewohnter Weise ablief, war sinngemäß ungefähr gewesen, auch er hätte überhaupt erst durch den Besuch seiner Frau gemerkt, wie tief und einschneidend unsere Beziehung eigentlich sei. Und er schien genauso entsetzt und hilflos zu sein wie ich.

Für mich, die ich von Natur aus monogam veranlagt bin und es seelisch nie bewältigen würde, eine zweigleisige Verbindung um des schnöden Scheines willen mit allem »Drum und Dran« aufrechtzuerhalten, war es schmerzlich und äußerst problematisch, daß Andreas darauf bestand, daß ich meine Verlobung zunächst keinesfalls löste. Er war überhaupt ein Stratege im Tarnen von eindeutigen Situationen, meisterte das Doppelspiel als Ehemann und Geliebter geradezu komödiantisch. Am liebsten hätte er in der Öffentlichkeit so getan, als kenne er mich kaum. Nach dem Vogel-Strauß-Prinzip: wenn ich keinen sehe, sieht mich auch keiner! Deshalb stellte er auch morgens den Wecker immer eine halbe Stunde früher und verschwand, um die Ecke spähend, aus meinem Hotelzimmer. Ich belächelte dieses Verhalten zwar, war aber tolerant genug, mich nicht in seine Gefühlswelt einzumischen. Auch wurde jeder Ansatz meinerseits, in dieser Richtung vorzupreschen, sogleich von ihm abgeblockt. Und da ich diese für mich so bedeutsame Beziehung nicht im geringsten aufs Spiel setzen wollte, fand ich mich eben zähneknirschend in die Gegebenheiten. Mein Selbstwertgefühl war immer noch – und ganz besonders in dieser Sache – reichlich unterentwickelt.

Für meinen Seelenzustand freilich war diese von ihm in die Heimlichkeit einer Bettgeschichte abgedrängte Beziehung, die so viel mehr für uns war, ein sich langsam ausbreitendes Gift. Es sollte, es mußte einfach irgendwann zum Eklat kommen. Es ist gewiß nicht nötig, all die erlebten glückseligen Stunden und die beschämenden, erniedrigenden Momente der Verleugnung während all dieser Wochen und Monate unserer intensiven Zweisamkeit ausführlicher zu beschreiben.

Mitunter, wenn auch höchst selten, ergab es sich, daß wir uns nach einer Vorstellung in seinem – meist direkt neben meinem gelegenen – Zimmer trafen. Bei solch einer Gelegenheit klingelte wieder einmal das Telefon. Ich merkte sofort an seiner Reaktion, daß seine Frau am Apparat war, und er machte auch eine entsprechende Geste, damit ich mich still verhielt. Ich aber konnte diese dreiste Heuchelei einfach nicht durchhalten und wollte wie immer in einer solchen Situation in mein Zimmer fliehen. Wurde aber durch die verschlossene Eingangstür daran gehindert. Völlig verstört und bestürzt über dieses schändliche Doppelspiel, an dem ich ja beteiligt war, stürzte ich ins angrenzende Badezimmer, wo ich mit zugehaltenen Ohren zwischen Badewanne und Klo zusamengekrümmt am Boden kauerte, bis er nach einer Ewigkeit gutgelaunt und ohne jedes schlechte Gewissen hereinkam und mich erstaunt aus meiner mißlichen Lage befreite.

»Du hättest mich doch nicht gestört«, argumentierte er, nachdem ich ihn wissen ließ, wie unerträglich ich diese demütigenden Situationen empfand. Er hatte eben in dieser Hinsicht eine völlig andere Einstellung – er nannte es Rücksichtnahme – und war auch nicht willens, auf meine Verwundbarkeit diesbezüglich einzugehen. »Du mußt einfach in der Lage sein, die Dinge so hinzunehmen, wie sie sind. Weil nicht sein kann, was nicht sein darf!« war sein Beitrag zu diesem Thema. Und was diesen strittigen Punkt betrifft, war ich damals noch erpreßbar. Denn ich wollte mit ihm zusammensein. Ich liebte ihn, auch wenn mein Gewissen einen ganz anderen Takt schlug. Auch litt ich keineswegs darunter, daß es eine Ehefrau gab, die legitime und ältere Rechte hatte. Denn für mich galt: Was er mir gibt und geben kann, hat nur mit mir und uns zu tun. Darin stimmten wir überein. Nur bin ich immer schon der Auffassung gewesen, man muß, wenn irgend möglich, unbedingt aufrichtig sein und darf unter keinen Umständen heucheln.

Deshalb vermied ich es auch ganz bewußt, seiner Frau zu begegnen. Aber keineswegs nur aus Feigheit. Ich wollte sein ziemlich gewagtes Spiel nicht noch weiter auf die Spitze treiben, ich war auch gar nicht dazu in der Lage. Außerdem hatte seine Frau meine völlige Hochachtung und allen Respekt. Was meine Einstellung zu unserem Doppelspiel nicht gerade verbesserte.

Und ich versuchte, nicht zu viele ausufernde Gedanken darüber anzustellen, wie unsere heftige Verbindung das Zusammenleben mit seiner Familie beeinflussen konnte. Als ich ihn einmal sanft darauf anzusprechen versuchte, wiegelte er weitere Gedanken in dieser Richtung sofort mit den Worten ab: »Das ist schließlich mein Problem. Aber ich kann dir versichern, wenn ich hier bin, bin ich ganz bei dir!«

Ihm schien dieser Trapezakt jedenfalls sehr viel weniger auszumachen als mir. Vielleicht genoß er ja sogar diese Art von Nervenkitzel. Allerdings schien auch bei ihm nicht mehr alles so zu verlaufen wie gewohnt. Denn seine Tochter sagte ihm eines Tages ganz unverblümt: »Du, wenn's dir bei uns nicht mehr taugt, dann geh doch. Ich merke doch, was los ist. Auf mich brauchst du keine Rücksicht mehr zu nehmen, ich bin alt genug!« Darüber war er einigermaßen perplex.

Und natürlich habe ich auch – insgesamt zwei- oder dreimal – ernsthaft versucht, unsere Verbindung zu beenden.

Ich war glücklich! Meine Moral hatte letztendlich doch gesiegt! Wir diskutierten darüber am Telefon. »Gut«, sagte er, »ich komme dich nach der Vorstellung abholen, und wir besprechen alles.« Dies geschah, ich erinnere mich genau, witzigerweise wieder in Erlangen. Und als er kam, war mein fest gefaßter, wohldurchdachter Entschluß in dem Moment, wo ich in sein Auto stieg, wie Schnee in der Sonne zerflossen. Ich kannte mich selbst nicht mehr. Ich war nicht mehr ich selbst.

Etwa zu dieser Zeit gab ich auch einer großen Frauenzeitschrift ein Interview, in dem ich zwar über meine neue, so glückliche Beziehung vieldeutige Kommentare abgab, den Namen des Erwählten aber aus Gründen der Diskretion elegant verschwieg. Damals machte ich mich zur Zweckpessimistin, die sowohl beruflich als auch privat auf einer Erfolgswelle schwamm und von sich behauptete, eigentlich wunschlos glücklich zu sein, das große »Aber« dann allerdings doch nicht ganz verschweigen mochte. Und ich machte mir, wenn ich von der »Liebe meines Lebens« sprach, die Einschränkung des Geliebten – daß man ja nie wissen könne, was noch alles passiert – zu eigen. So hatte ich mir die Lebensdevise verordnet, immer erst das Schlechte anzunehmen, um mich dann vom Guten oder zumindest Besseren überraschen zu lassen. Dies war genau das Gegenteil meiner heutigen Einstellung. Und wenn ich dieser sehr verständnisvollen Reporterin noch erklärt hatte, daß ich in meinen früheren Beziehungen immer Kompromisse machen mußte und zudem auch für meine Männer eine Art Dienerin gewesen war und ich in dieser neuen, so wunderbaren Beziehung in meiner Persönlichkeit voll akzeptiert würde, so traf das sogar zu.

Ich war damals gerade 35 Jahre alt und wurde in dem Artikel als die »Frau mit den zwei Gesichtern« bezeichnet. Dabei hatte ich längst schon vier. »Aber«, so scherzte ich sarkastisch, »mein Aszendent ist ja auch Zwilling.«

Vermutlich müssen sich gewisse unliebsame Ereignisse einfach wiederholen, damit man mit der Realität und den tatsächlichen Gegebenheiten so unmißverständlich konfrontiert wird, daß man sich zuletzt nichts mehr vormachen kann. Denn was sich dann in meiner Gegenwart, während meines verliebten Wochenendbesuches in Wiesbaden abspielte, war ja nur die Steigerung einer Szene, die ich schon öfter überstanden hatte.

In der letzten Aprilwoche also, kurz vor Ostern 1979, hatte mich Andreas in Berlin angerufen und vorgeschlagen, das Wochenende mit ihm zu verbringen. Er hoffte nämlich, am Freitagabend im Studio fertig zu sein, und wollte das Wochenende anhängen. Ich hatte gerade die erste Probewoche hinter mir und ebenfalls ein freies Wochenende. Also flog ich überglücklich und wie immer auf »eigene Kosten und Risiko« zu ihm und bezog das von ihm bereits bestellte Hotelzimmer ein Stockwerk über seinem.

Doch da wurde ich wieder einmal jäh aus meiner Entrückung

gerissen, als Andreas neben mir, nachdem uns das schrille Läuten des Telefons aufgeschreckt hatte, den Hörer ergriff und völlig übergangslos – mit mir im Arm – den besorgten Ehemann spielte. Er säuselte in den Apperat. Ich konnte es zunächst überhaupt nicht fassen. Dann aber durchfuhr mich schneidend wie ein Blitz der Gedanke: Mein Gott, genauso belügt der dich doch auch! Wie kann ich ihm jemals wieder auch nur ein Wort glauben, ihm vertrauen?! Ich fühlte, wie der Boden sich unter mir in Nichts auflöste, wie eine eiserne Faust mir den Magen in die Kehle schob. Und ich wußte vor allem eins: raus hier!

Es war eine Eruption von aufgestauten Gefühlen, die sich nun mit dieser jähen Erkenntnis geradezu flammend entlud. Taub und blind löste ich mich aus seinen Armen, zog meinen schwarzen Jogginganzug über und schleuderte ihm mit beherrschter Todesverachtung ins verblüffte Gesicht, daß ich für ihn offenbar nur für »das Eine« gut sei. Das allerdings in einer erstaunlicherweise reichlich ordinären Ausdrucksweise, die ich hier nicht wiederholen möchte. Ich müßte darüber noch heute rot werden. Ich war einfach bis auf den Grund meines Wesens erschüttert, verletzt und enttäuscht. Es war mir durch sein Verhalten buchstäblich der Lebensatem genommen.

Ich sehe noch, wie er den Hörer auflegt und mir erstaunt und belustigt nachsieht, während die Tür hinter mir ins Schloß fällt.

Man könnte sich natürlich jetzt fragen, warum er das Telefonat nicht einfach abgeblockt oder vorher Anweisung gegeben hatte, nicht gestört zu werden. Man könnte die verschiedensten Mutmaßungen darüber anstellen, warum er dies so gedankenlos oder bewußt inszenierte. Ich glaube heute, daß er damit lediglich nur demonstrieren wollte, keinerlei Geheimnisse vor mir zu haben. Was ich jedoch, nur darin geschult, immer das Schlechteste in allem anzunehmen, damals als Provokation oder kaltblütige Unsensibilität interpretierte.

Bei mir muß durch diese Situation ein altes Trauma aufgerührt worden sein, ein uralter Vorgang sich in moderner Form wiederholt haben, bei dem ich auf dem Altar der Konvention schamlos geopfert werden sollte und um meine Integrität und Würde kämpfte.

Zu jenem Zeitpunkt freilich war ich überhaupt nicht mehr in der Lage, irgendwelche Dinge abzuwägen. Ich hatte nur noch eine Idee: Ich wollte diesem für mich nicht ertragbaren Dasein so rasch wie möglich ein Ende bereiten. Es gab keinen Ausweg mehr für mich. Der Kontakt zur Außenwelt war endgültig abgebrochen. Ich wollte nichts mehr sehen und hören. Mich vor mir selbst und niemandem mehr rechtfertigen müssen. Ich wollte nur noch raus aus dieser verlogenen Welt. Stand vor dem Badezimmerspiegel in meinen Hotelzimmer und sagte mir ins grünlichweiße Gesicht: »So, lieber Gott, da bin ich also. Ich kann nicht mehr weiter. Ich komme jetzt zu Dir, wo sonst sollte ich denn hin, niemand hier kann mir noch helfen.« Und ich würgte das bereits erwähnte Gebräu aus Schlaftabletten und Alkohol (weil ich wußte, so wirkt es sicherer und schneller) ohne abzusetzen hinunter. Das Glas, aus dem ich damals getrunken habe, hat Andreas mir später in München überreicht. Ich hab's bis heute aufgehoben.

Für die These einer »karmischen Wiederholungstat« spricht auch der Umstand, wie ich, die ich problemlos schlafen konnte, in den Besitz solcher Tabletten gekommen war. Das hat noch eine eigene Pointe. Es war mein Bühnenpartner Harald Juhnke, der mir bei einer unserer Diskussionen während unseres Gastspiels in Hamburg plausibel machte, jeder Schauspieler müsse doch, quasi als unverzichtbares Requisit, Schlaftabletten bei sich haben. Und was mich dann seinerzeit – in gefühlsmäßiger Hochstimmung – dazu bewogen hat, diesen törichten und etwas diabolischen Ratschlag in die Tat umzusetzen und mir von einem Prominentenarzt ein derartiges Rezept ausstellen zu lassen, wissen die Götter. So fügte sich jedenfalls alles geradezu wie von höherer Stelle inszeniert zusammen. Denn hätte ich diese Tabletten damals nicht bei mir gehabt, hätte ich mich mit Sicherheit aus irgendeinem Fenster gestürzt. Mir konnte damals wirklich niemand, den ich kannte, helfen. Eine bittere Erkenntnis, die ich später allen mir Nahestehenden als Erklärung geben mußte. Denn natürlich blieb der berechtigte Vorwurf »Ja, um Himmels willen, warum hast du nicht bei mir angerufen?« nicht aus.

Eigentlich wollte ich mich ja nach der Einnahme meines Todescocktails bei verschlossener Tür und ausgehängtem Telefonhörer ins Bett legen. Das schien mir das Sicherste. Aber das Schicksal hatte eine ganz andere Version parat. Denn wie schon das Sprichwort sagt: Der Mensch denkt, und Gott lenkt.

Als ich mich nämlich nach Verrichtung aller erwähnten Vorsichtsmaßnahmen ins Bett legen wollte, bemerkte ich die mir so wohlbekannte Armbanduhr nebst Ring auf meinem Nachtkästchen: Andreas' Uhr, sein Ring, die er – wie immer, bevor er ins Bett geht – ablegt. So geschehen, als er sich an diesem Vormittag, bevor er zu letzten Aufnahmen wieder kurz ins Studio mußte, noch einmal stürmisch hier von mir verabschiedete. Und genau diese Dinge durften natürlich keinesfalls bei mir gefunden werden. Das hätte uns in Zusammenhang gebracht. Und nun erfolgte ein Handlungsablauf, der für mich einmal mehr deutlich macht, wie sehr wir vom *paramātma,* der Überseele in uns, geführt werden. Denn ich hätte ja diese vermaledeiten Sachen ebensogut einfach aus dem Fenster werfen können. Aber nein, ich schlußfolgerte plötzlich, es wäre auch für mich besser, nicht hier im Hotel gefunden zu werden. Also zog ich mich rasch wieder so weit an, um auf die Straße gehen zu können. Und auf dem Weg nach unten, bereits schwankend und mühsam jede Treppenstufe einzeln bewältigend, legte ich besagte Uhr nebst Ring vor die Schwelle jener Tür, die ich erst kurz zuvor hinter mir zugeschlagen hatte. »Und jetzt bloß raus aus dem Hotel« ist der letzte Gedanke, an den ich mich erinnere.

Später wurde mir berichtet, daß das Hotel ausgerechnet an diesem Samstagnachmittag die Teppiche in der Halle reinigen ließ und deshalb, weil einige der Teppiche aufgerollt herumlagen, für kurze Zeit die Eingangstür verschlossen wurde. Und ich konnte nicht hinaus und brach bewußtlos vor der Tür zusammen. Das hochprozentige Gemisch tat äußerst rasch seine Wirkung. Ein Angestellter fand mich kurz darauf, verständigte den Chefportier, ich wurde identifiziert, und die »Samariter« kamen.

Andreas, der nach meinem, wie er es nannte, »perfekt getimten Abgang« als Autor zunächst darüber nachdachte, wie er diese grandiose Szene in einem Stück, das er gerade in Arbeit hatte, verwenden könnte und glaubte, ich käme schon wieder, wurde doch etwas unruhig. Und als er dann die Ambulanz vom Balkon aus vor dem Hotel halten sah, war ihm schlagartig bewußt, was passiert war. Er stürzte aus seinem Zimmer – wobei er die am Boden placierte Uhr und den Ring zertrat – und konnte dem Arzt, der zunächst nach Einstichstellen an meinen Armen gesucht hatte, seinen Verdacht mitteilen. Inzwischen war Atemstillstand eingetreten. Alle Kleidungsstücke wurden aufgeschnitten, eine Sonde in den Hals geführt und ein Beatmungsgerät angeschlossen. Er erzählte mir später: »Als sie dich auf der Bahre in das Auto schoben, hattest du ganz unwirklich große Füße.«

Ich kam auf die Intensivstation des Städtischen Krankenhauses, und Andreas suchte auf Anordnung des Arztes in meinem Bad nach Verpackungsresten des Mittels, das ich geschluckt haben mußte. Er fand auch tatsächlich einen nicht ganz zerrissenen und hinuntergespülten Beipackzettel und raste damit ins Krankenhaus. »Während dieser Zeit«, so versicherte er mir später, »habe ich alle Sünden abgebüßt, glaube mir.«

Der weitere Ablauf des Geschehens wickelte sich – nach der Berichterstattung der davon Betroffenen – in einer Art Rashomoon-Effekt ab. Jeder erlebte das Ganze ja aus einer anderen Perspektive.

Andreas war es, der die Schreckensnachricht sogleich an meine Agentin weitergab, die zu dieser Zeit auch ihn managte. Später erfuhr ich, was sie mit sicherem Instinkt alles in die Wege geleitet hatte. Nicht nur, daß sie sich sofort die Geschichte mit dem Zusammenbruch und der Nierenkolik ausdachte und sie an den Regisseur und die Direktion des Berliner Theaters weitergab. Sie war auch noch klug genug, einen ihr bekannten Journalisten bei der BZ darüber zu informieren, um ihm ihre Version, die mir die Schlagzeilen einbrachte, als Erstinformation weiterzugeben. Alles fügte sich erstaunlich ineinander, während ich im Krankenhaus diesem Leben zurückgegeben werden sollte.

Ganze zwei Minuten hatte der Puls schon ausgesetzt. Ich war also bereits klinisch tot, als das Ärzteteam, das wegen der ernsten Lage trotz des beginnenden Wochenendes zusammengerufen worden war, feststellte, daß doch wieder ein schwacher Herzschlag einsetzte. Es war der Stationsarzt, der daraufhin meine Mutter in München anrief. Er informierte sie über das Geschehene ohne große Umschreibungen. Gab auch der sehr geringen Hoffnung auf Wiederherstellung Ausdruck und wollte zudem wissen: »Hat Ihre Tochter das schon öfter gemacht?« Und meine Mutter versicherte ihm, daß ich eine äußerst disziplinierte und lebensfrohe Natur sei. Ihr war diese Sache noch unbegreiflicher als all den anderen. Und sie sollte mich doch am besten kennen! Sie hätte Stein und Bein geschworen, daß ich niemals auf die Idee käme, mir wegen einer »unglücklichen Liebesaffäre« das Leben zu nehmen.

Nach Absprache mit meiner Agentin wurde auch mein Dauerverlobter Wolfgang in Wien in den Unglücksfall eingeweiht. Freilich nicht in alle Details. Man blieb ihm gegenüber bei der Aussage, daß ich eine Depression und Nervenkrise gehabt hätte. Eine Art dunkles Loch in meiner Gefühlswelt. Was er nun ebenfalls, der mich so sehr von der fröhlich-kumpelhaften Seite kannte, überhaupt nicht nachvollziehen konnte. Die Verstrickung mit dem anderen Mann wurde ihm aus Taktgründen zunächst verschwiegen. Er war außerdem immer noch durch seine eigenen Probleme und die Konflikte mit einer anderen Frau, von der ich zu der Zeit wiederum nichts wußte, so in Anspruch genommen, daß er zwar alle Komplikationen registrierte, aber nicht weiter nachforschte. Er setzte sich aber ins Auto, um mich vier Tage später in Wiesbaden abzuholen und mitsamt der sofort angereisten Mama nach München zu bringen. Das hatte sich die kluge Strategin,meine Agentin, mit geradezu genialem Einfühlungsvermögen ausgedacht, um nun meinerseits den Schein zu wahren: Der Dauerverlobte brachte mich, die Genesende, aus dem Krankenhaus Entlassene, mitsamt der Schwiegermama in spe per Auto nach München zurück. Eine herzerweichende Geschichte mit Happy-End, hätte es da nicht diesen viel wichtigeren, ironischen Aspekt im Hintergrund gegeben.

Ich selbst kann mich nur an wenige Einzelheiten dieses Wiesbadener Krankenhausaufenthalts erinnern. Als ich endlich, nach den vielen Medikamenten geradezu bis zur Unkenntlichkeit aufgeschwemmt, wieder zu mir kam – vier Tage nach der Einlieferung –, war ich in einer total veränderten Verfassung. Der Körper war zwar stark angegriffen durch diese Tortur, die ich ihm zugemutet hatte (an einem Leberschaden davon laboriere ich bis heute), aber geistig war meine wahre Natur wieder zum Vorschein gekommen. Ich tröstete meine Mutter, die seit Tagen an meinem Bett gewacht hatte, und versicherte ihr, daß jetzt alles gut sei.

Etwas war mit mir geschehen. Eine Metamorphose mußte sich in diesen vier Tagen Abwesenheit vom Diesseits auf der anderen, unsichtbaren Ebene abgespielt haben. Man weiß ja heute auch durch die vielen Sterbeberichte von Dr. Moody und der Forscherin Kübler-Ross, durch Zeugnisse Überlebender, die nach einem Jenseitsaufenthalt zu Protokoll gegeben wurden, was sich dabei ereignete. Und was immer in der Aussage gipfelt: »Es gibt ein Drüben, denn ich habe es selbst erlebt!«

Und all diese Aussagen bestätigen wiederum nur einmal mehr die Autorität der vedischen Schriften auch in diesem Wissensbereich. Um die postulierte »Leere im nachtodlichen Bereich« bestimmter Wissenschaftler zu widerlegen, die nicht über die Grenzen einer dreidimensionalen Wirklichkeit hinauszublicken vermögen, hat auch der französische Schriftsteller Delacour über solche Totgeglaubte authentische Zeugnisse gesammelt. Dieses tausendfach belegte Tatsachenmaterial untermauert das uralte Wissen um so mehr. Und jede dunkle Schwelle zwischen

Sein und scheinbarem Nichtsein mußte ich während dieser Zeit, in der ich für die Ärzte bereits tot war, ebenfalls überschritten haben. Daß ich diese Erlebnisse nicht mit ins Diesseits zurückbrachte und mich bis heute nicht an das, was mir dort widerfahren ist, erinnern kann (also nicht in mein Wachbewußtsein mitnehmen konnte), spricht dabei keinesfalls gegen ein Erlebnis auf der jenseitigen Ebene. Der Teil meiner Natur, der unsterblich ist, hatte sich – soviel weiß ich – aus meinem Körper entfernt und ein »Out of body-Erlebnis« mitgemacht. Sonst hätte ich niemals mit so völlig neuem Daseinsmut und einer geradezu unerschütterlichen Sicherheit in die neue Phase meines Lebens eintreten können.

Mich erfüllt auch deshalb eine ungeheure Dankbarkeit, weil ich, zwar nach relativ langer Zeit einer Stimmbandreizung, hervorgerufen durch die langdauernde künstliche Beatmung, mit meiner völligen geistigen Kapazität gesunden konnte. Zunächst war nämlich nicht nur meiner Mutter gegenüber von ärztlicher Seite verlautet, daß nach einem deratig langen Ausfall der Gehirnzellendurchblutung unbedingt zumindest mit Schädigungen zu rechnen sei. »Nach menschlichem Ermessen…«

Aber meine Mutter, die eine sehr fromme und grundgute Frau ist, hatte insgeheim gefühlt, daß dies nicht der Fall sein würde. Nur, nach biologisch-physiologischen Betrachtungsweisen hätte meine Rückkehr in dieses Leben unbedingt eine Art geistiger Behinderung mit sich bringen müssen. Das undurchsichtige Spiel zwischen Tod und Leben, auf das ich mich eingelassen hatte, war für mich gut ausgegangen. Das empfand ich als grenzenlose Gnade. Zwar habe ich bisher das Geheimnis meines jenseitigen Lebens noch nicht bis in alle Tiefen ausloten können. Und auch die Gutachten der Forscher und Parapsychologen, die solche Vorgänge und Schwellenerlebnisse untersuchen, geben nicht darüber Auskunft, was letztlich genau dabei geschieht. Aber daß es möglich ist, die Barriere von Hüben und Drüben mit unserer unsterblichen Natur zu überschreiten, darin sind sich diese Kapazitäten alle einig.

Später, als ich über die Geschehnisse etwas intensiver nachzudenken begann, las ich einige der Bücher zu diesem Thema und war daraufhin über das Erlebte nur noch tiefer betroffen. Bei dieser Lektüre erfuhr ich auch, daß es einige berühmte Kollegen gibt, die ähnliche Erlebnisse eines Jenseitsaufenthaltes gehabt haben. Daniele Gelin zum Beispiel hat die seinen, die nach einer großen Krise und einem Erschöpfungszustand, den er durch Drogen und Alkohol forciert hatte, in einer eindrucksvollen Schilderung einem Sterbeforscher erzählt. Auch er kehrte mit neuem Mut in diese Realität zurück. Jede Angst vor dem Sterben, sollte sie je bestanden haben, schwindet nach solcher Erfahrung völlig. Und Curd Jürgens wußte von einem mysteriösen Aufenthalt in einem ziemlich schrecklichen Schattenreich, von dem er – nachdem er nach seiner Herzoperation und dem tiefen Narkoseschock noch einmal diesem Leben zurückgegeben wurde – als einer dunklen Ebene sprach, die ziemlich der Hölle ähnelte, die der große Renaissance-Dichter Dante in seiner »Göttlichen Komödie« einst beschrieben hatte.

Inzwischen gibt es neben den vedischen Schriften unzählige Berichte und Bücher über die Ebenen und Sphären jenseitiger Gefilde. Und ganz sicher hängt es auch von der Bewußtseinsebene des jeweiligen Berichterstatters oder Mediums ab, wie diese Ebenen beschrieben werden. Doch diese Orte sind, soweit ich es zu wissen glaube, nicht nur in uns, sondern als geistige Ebenen vielmehr auch außerhalb unseres Bewußtseins, in unsichtbaren feinstofflichen Bereichen um uns. Später will ich darüber aus eigener Erfahrung noch etwas mehr berichten.

Ich spürte kurze Zeit nach dem Aufwachen mit großer Erleichterung, daß ich an das Geschehene ohne emotionale Beteiligung zurückdachte, so als sei es eine ganz andere gewesen, die das alles erlebt hatte. Mein Gesinnungswandel verblüffte mich ebenso wie meine Umwelt.

Meine Mutter, die während all dieser Tage neben mir gesessen war, konnte es kaum fassen, daß mir das überhaupt hatte widerfahren können. Sie war natürlich überglücklich, als ich endlich wieder zu mir kam und daß ihre Christel auf einmal wieder fröhlich lächelte und zudem eine völlig abgeklärte Einstellung ihrem mißglückten Versuch gegenüber, mit diesem Leben abzuschließen, an den Tag legte. Sie beruhigte mich, daß ich in dem angefangenen Theaterstück bereits umbesetzt worden sei und daß Ruth mit Umsicht und einigem Glück auch alles andere geregelt hatte. Ich brauchte also dafür, daß ich so unverzeihlich pflichtvergessen reagiert hatte, keine allzugroßen Schuldgefühle zu entwickeln. Glück im Unglück wird das wohl genannt. Wenn man jedoch etwas hinter die Kulissen blickt, kann man auch von einer höheren Fügung sprechen und von gutem Karma. Ich nehme dies allerdings keinesfalls als etwas Selbstverständliches hin.

Andreas, so wurde mir berichtet, erkundigte sich zwar weiterhin bei meiner Mutter über meinen Zustand, war aber abgereist. Denn die Ärzte hatten es nicht für günstig gehalten, wenn er mich auf der Intensivstation besuchte. Wie mir später – allerdings nicht von ihm selbst – berichtet wurde, hatte er nach dem tragischen Vorfall solche Gewissensbisse, daß er sich plötzlich dazu aufraffen wollte, klare Verhältnisse zu schaffen. Er wollte seiner Frau unumwunden erklären, was vorgefallen war. Dies aber wurde ihm wiederum von unserer klugen Agentin, die unsere Situation ja gut kannte, in einem Zweistundentelefonat mit dem Argument ausgeredet, daß eine solche Beichte im Augenblick wohl niemandem nützlich sei. Und er nahm diesen wohldurchdachten, einigermaßen objektiven Ratschlag natürlich an. Möglicherweise weiß seine Frau bis heute noch nicht, was da so alles in diesem etwas banalen Boulevardstück unseres Lebens hinter den Kulissen abgelaufen ist.

Mir persönlich lag inzwischen wirklich nichts mehr an irgendeiner derartigen Aufklärung. Ich hatte andere Dinge im Kopf. Ich wollte möglichst rasch nach diesem Ausfall wieder auf die Bühne zurück. Denn aus dem geplanten Wochenendtrip nach Wiesbaden war ja leider ein unfreiwilliger Wochenaufenthalt plus Zwangspause geworden. Bevor ich aber aus der normalen Krankenabteilung, in die ich inzwischen verlegt worden war, entlassen wurde, hatten meine Schutzengel nicht nur dafür gesorgt, daß die bei einem solchen Fall der langen künstlichen Beatmung übliche Lungenentzündung ausblieb, sondern sogar noch dafür, daß ich nicht, wie das gewöhnlich bei solchen »Patienten« der Fall ist, zu einer psychiatrischen Überprüfung in eine Nervenklinik überwiesen wurde. Das Zusammenspiel der guten Kräfte hatte eine eigene, erstaunliche Dynamik entwickelt. Ich verließ, blaß und um einige Pfunde leichter, das Krankenhaus und die netten Schwestern, die sich – bis auf eine – alle rührend und liebevoll um mich bemüht hatten. Wir wohnten wieder im besagten Hotel, in dem ich schon zuvor genächtigt und auch meine Mutter inzwischen Logis genommen hatte. Und jetzt, am Spätnachmittag meines Entlassungstages, kreuzte auch Wolfi, mein völlig verdatterter und betreten dreinblickender Noch-Verlobter bei uns auf. Er stellte natürlich die gleichen Fragen wie meine Mutter zuvor: »Warum hast du mich nicht angerufen, warum hast du das getan?« Und auf seinen eindringlichen Einwand: »Ja, hast du denn nicht an mich gedacht«, mußte ich schweren Herzens ehrlicherweise antworten: »Nein, es tut mir leid, überhaupt nicht.« Ich wurde also zurück nach München gefahren, ohne den Verursacher dieser so glimpflich überstandenen Katastrophe wiedergesehen zu haben. Wir hatten nur telefoniert. Mein geliebter Andreas – damals hörte ich ihn zum ersten Mal weinen.

Ich erholte mich relativ rasch. War zwar körperlich noch etwas geschwächt, aber in einer wunderbaren Gemütsverfassung von heiterer Gelassenheit, wie ich sie sonst nie zuvor an mir gekannt hatte. Das Leben zeigte sich mir in einem völlig neuen Licht. Ich genoß die Spaziergänge im Englischen Garten, dem wunderschönen Naturpark, der nun schon fast 200 Jahre die Münchner erfreut. Ich aß wieder richtig und regelmäßig. Damals allerdings noch nicht vegetarisch.

Wolfi konnte noch einen Tag bei mir bleiben, länger ließ es sein Geschäft nicht zu. Er gab sich weiterhin ahnungslos, was den wahren Grund betraf, der mich zu einer solchen Tat getrieben hatte. Vielleicht hielt er es nur für angebracht, nichts davon zu wissen.

Ich stürzte mich wieder mit voller Kraft und allem persönlichen Einsatz in meinen Beruf, Peter Ahrweiler, der Leiter der Hamburger »Kleinen Komödie«, holte mich unter seiner Regie für ein Stück. Das war genau die richtige Medizin, mich wieder mit vollem Einsatz den Anforderungen der Schauspielerei zu stellen. Einerseits wurde ich von meiner Familie und einigen Freunden, die eingeweiht waren, noch immer etwas abgeschirmt. Andererseits gab ich auch hin und wieder ein Interview, in dem ich versuchte, die überstandene Krise und den körperlichen Zusammenbruch als harmlosen Krankheitsfall darzustellen.

Um mir meine neugewonnene innere Ruhe nicht durch unvorhergesehene Ereignisse nehmen zu lassen und weitere Verunsicherungen möglichst auszuschalten, übte ich nun täglich, nach Absolvierung eines Lehrgangs in München, Autogenes Training nach J.H. Schultz – einer der ersten Versuche meinerseits, mir eine alternative Lebensweise anzueignen. Denn ich hatte begriffen, daß ich mein Leben grundsätzlich ändern mußte, um nicht früher oder später erneut in eine Sackgasse zu geraten. Und eifrig wie alle Dinge, die ich anpacke, trainierte ich täglich vor den Proben eine gute halbe Stunde all die vorgeschriebenen Übungen.

Im Sommer 1979 analysierte ein Psychologe die Antworten eines von mir recht vorsichtig erteilten Interviews und kam zu einem erstaunlichen Ergebnis, das ich bei meiner hier versuchten Selbstdarstellung nicht unerwähnt lassen will. »...Die charakteriologische Dominante Christiane Rückers manifestiert sich vor allem in ihren, mit Zurückhaltung und Vorsicht gegebenen Antworten, die auf ein ausgeprägtes Pflichtbewußtsein sowie Strenge sich selbst gegenüber hinweisen. Die Folge davon sind eine gewisse Herbheit nach Außen und Überzeugungstreue nach Innen, aus der heraus sie zur Selbstüberforderung neigt. Diese Festigkeit in den Grundsätzen ist jedoch nicht Selbstzweck, sondern steht im Dienst der Selbstbewahrung, mit der die Schauspielerin ihre Angst vor Enttäuscht- und Zurückgewiesenwerden auszugleichen und ihre Wünsche nach Zuwendung und Verständnis zu integrieren versucht...« Es geht noch eine ganze Weile in diesem Stil weiter. Aber ich möchte nicht mit allzuviel Psychologie langweilen. Eines allerdings hoffe ich bei diesen skizzenhaften Aufzeichnungen meines bisherigen, nicht gerade ereignisarmen Lebens dennoch klar herausgestellt zu haben: daß ich nämlich für alles, was ich bewußt oder unbewußt provoziert hatte, was mir beruflich oder privat zustieß oder zufiel, auch selbst die Verantwortung übernehmen wollte. Ich schwelgte nie in Selbstmitleid und versuchte meinen Mitmenschen nie das aufzubürden, wofür ich mich selber zuständig fühlte. Und das sicher nicht nur, weil ich – zumindest unbewußt – die größeren weltlichen, ganzheitlichen Zusammenhänge von Oben und Unten, Außen und Innen akzeptierte. Sondern bestimmt auch, weil in gewisser Weise einst gemachte Erfahrungen und Einsichten aus meinen früheren Existenzen nicht vergessen waren. Deshalb ging ich auch davon aus, daß all die vielen hervorgerufenen Entsprechungen meines Wesens und meines Temperamentes, die von meinen inneren Spannungen ausgelöst wurden, zuletzt immer auch mit mir allein zu tun haben mußten.

Die Vorstellung, daß jedes menschliche Wesen als unbeschriebenes Blatt sozusagen auf die Welt kommen könnte, schien mir immer schon absurd und völlig unlogisch. Mein Wissen über kosmologische Zusammenhänge, das sich bei mehr als der Hälfte der Menschheit durch das Akzeptieren der Wiedergeburt und ihr karmisches Ursachenprinzip ausdrückt, war bei mir stets präsent. Ich ging immer schon davon aus, daß meine diesmalige Existenz ganz unmittelbar mit meinen Vorleben zu tun haben mußte. Ebenso, wie ich für alles, was ich in diesem Leben tat, zur Rechenschaft gezogen werden würde. Aber natürlich gab es auch Zeiten, in denen ich aufgrund tiefster Verstrickung in materielle Belange oder purer sogenannter Lebensfreude und vielleicht gar aus gewissen ehrgeizigen Motiven heraus, nicht viel darüber nachdachte. Aber wenn ich in einem Buch, bei Schiller, Goethe oder Lessing etwa, über diese Zusammenhänge las, war mir dies alles völlig verständlich und sogar vertraut.

Bei meinem Versuch, aus dem Leben zu scheiden, weil mir die Situation dieser perfekten Liebesbeziehung nach den Maßstäben meiner empfundenen Kriterien unannehmbar, gleichzeitig aber völlig aus den Händen geglitten war, hatte ich in einem riskanten Spiel höchsten Einsatz gewagt. Und leitete gerade damit, als unausweichliche Konsequenz eines allbarmherzigen Schöpfers sozusagen, eine Revison meiner bisher eher erlebnisorientierten Entwicklung ein. Ich wollte diese Verkörperung ja deshalb beenden, weil ich mich in eine Sackgasse hineinmanövriert hatte, aus der es ihr nicht möglich war, mit eigener Kraft herauszukommen. Und jemanden, der das Wissen und die entsprechende Erfahrung gehabt hätte, mir dabei zu helfen, kannte ich zu der Zeit nicht. Daß bei diesem Blackout von vier Tagen zugleich ein karmischer Knoten gelöst wurde, der mir eine andere Wahrnehmungsmöglichkeit mit einem erweiterten, gefestigten Bewußtsein bescherte, war ein ganz großer Gnadenakt, der mich mit immer neuer Dankbarkeit erfüllt.

Ich möchte dazu noch die erhellende Schlußfolgerung des Schweizer Reinkarnations-Analytikers Bruno Meier über die Kurzschlußhandlung des Selbstmords, die übrigens völlig mit der vedischen Version dieses Themas konform geht, zitieren: »... Wenn sich ein Mensch in großer Verzweiflung und unerträglicher Hoffnungslosigkeit, in der er seine Lasten nicht mehr ertragen kann, das Leben nimmt, so wäre dies an sich keine Tragödie. Er kann sich ja eigentlich gar nicht das Leben nehmen, sondern nur eine Verkörperung beenden. Die Tragik für ihn liegt vielmehr darin, daß er seine Lernprozesse nicht bewältigt, weil er sie durch diese Unterbrechung verzögert und erschwert. Statt endlich seine vermeintliche Freiheit zu erringen, gelangt er nur wieder in seine eigene Sackgasse.«

Es dauerte dann immerhin noch fast zwei Jahre, bis ich im Spätherbst 1980 in Köln, wieder auf etwas ungewöhnliche Weise, endlich auf den richtigen Weg geführt wurde.

Zunächst aber gab es natürlich eine ganz besondere Aussprache mit meinem Andreas. Ich schickte ihm, zum besseren Verständnis meiner damaligen Handlungsweise, ein Büchlein mit dem Titel *Hand an sich legen?* von Hamburg aus, das aber bezeichnenderweise nie bei ihm ankam. Der Wiener Autor, der sich mit dieser Schrift selbst Mut gemacht hatte und seinen Agnostizismus und Freiheitswillen umschrieb – alle religiösen oder spirituellen Gründe aus intellektueller Sicht unwirsch beiseits schiebend – und mit klugen, aber hybriden Erörterungen seine Rechtfertigungen vorbrachte, warum gegen eine Beendigung dieses ungeliebten Lebens nichts einzuwenden sei, hat inzwischen längst seinen Buchtitel in die Tat umgesetzt.

Ich lebte mittlerweile ein zweites, anderes Leben. Auch mit einer ganz anderen Erwartungshaltung. Ich war zwar nach wie vor davon überzeugt, daß dieser Mann und Kollege Andreas, mit dem ich sogar im Herbst 1980 noch einmal drei Monate durch die Lande tourte, die wichtigste Figur und der entscheidende Partner für mich gewesen war. Aber ich stellte keinerlei Erwartung mehr an diese Beziehung. Ich wollte auch kein irgendwie verändertes Zusammenleben, in dem er sich etwa offen zu unserer Verbindung bekannt hätte. Ich war endlich in der Lage, die Dinge so anzunehmen, wie sie sich darstellten. Bis heute weiß ich ja nicht, welch uraltes Problem er mir durch unsere Begegnung präsentierte. Denn bei all meinen bisherigen Rückführungen trat er bis jetzt nicht in Erscheinung. Vielleicht war er einmal mein Sohn, und ich hatte ihn, um irgendeines augenblicklichen Vorteils willen, verleugnet. Oder ich habe ihn in einer anders gearteten Situation nicht angenommen. In vielen interessanten Fallberichten kann man ja über solche umgekehrten Konfliktsituationen die Wechselwirkung der Fügungen des Schicksals, die bestimmte Lernprozesse auslösen, nachlesen.

Eines Tages, wenn die Zeit reif ist, da bin ich ganz sicher, wird mir auch darüber noch alles Wissenswerte zukommen. Jedenfalls hat Andreas absichtslos meine Umkehr in Bewegung gebracht und mich dem Endziel meiner wahren spirituellen Bestimmung ein ganzes Stück näher gebracht. Ihm kommt das Verdienst für den erfolgten Quantensprung meiner religiösen Entwicklung zu.

Es gehört zu den einfachen Regeln des Lebens, daß wir in dem Maße, wie wir uns spirituell entwickeln und uns wandeln, unabhängiger von der Welt der Sinne werden, weil wir unbewußt unserem Höheren Selbst entgegenwachsen. Dieser geistige Saltomortale, gepaart mit der Einsicht, die Welt und die persönlichen Bedingungen des Lebens so zu nehmen, wie sie sind, und nicht, wie sie, Kraft unseres falschen Anspruchsdenkens, sein sollten: Das war ein Wandlungsprozeß, der mich und meine Einstellung der Umwelt gegenüber demütiger und geduldiger machte. Und ich war mehr denn je auf der Suche nach meiner geistigen Identität. Die brennenden Fragen nach den Woher, Wozu und Wohin – um mit diesen einfachen Schlagworten die philosophische Sinnfrage unseres Daseins zu umreißen – standen kurz davor, Beantwortung zu finden; dessen war ich sicher. Meine idealistische Ader, die sich schon in meiner Kindheit Ausdruck verschafft hatte, kam durch diese teifgreifende Erfahrung wieder verstärkt zum Tragen, denn ein gewisser Hang zum Absoluten war bei mir ja immer schon vorhanden gewesen. Oft genug hatte ich meine Mutter mit meinen bohrenden Fragen zur Verzweiflung gebracht. Mein Empfinden, daß es da noch etwas Verhülltes, Unsichtbares geben mußte, das »die Welt im Innersten zusammenhält«, wie Goethe so schön sagte, tauchte immer wieder aus meinem Unterbewußtsein auf, und ich dachte verstärkt über all diese Rätsel des Menschseins nach. Über das Stirb und Werde der Natur, mit all den Einflüssen der Elemente. Und war davon überzeugt, daß es neben den täglichen Verrichtungen wie Essen, Trinken, Schlafen, Kinderzeugen, Arbeiten, Materielle-Güter-Anhäufen, Genießen, Leiden und Sterben noch einen kosmologischen Sinngehalt gab. Und irgendwie war ich ihm auch bereits auf der Spur.

Und dann in Köln, Ende 1980, kam ein erster deutlicher Hinweis: In der vom »Theater am Dom« für mich gemieteten möblierten Wohnung fand ich auf dem Bücherbord einige Ausgaben der vedischen Schriften, wie sie von der ISKCON publiziert werden.

Es gibt ein altes esoterisches Sprichwort, das auch in den vedischen Schriften bestätigt wird: »Wenn der Schüler bereit ist, kommt der Meister.« Ich jedenfalls war bereit, diese wunderbaren Botschaften, die in mir eine altvertraute Melodie aufklingen ließen, nicht nur zu lesen, sondern auch zu verstehen und zutiefst zu bejahen.

Ich spielte damals in dem von mir immer noch geliebten Boulevardstück »Meine dicke Freundin« (unter der Regie des inzwischen leider verstorbenen Helmut Froschauer) die Rolle des liebenswerten, aber etwas verklemmten, dicken Wesens Vicky, das für ihre Freunde in der gemeinsamen Wohnung zwar Seelentrösterin ist, aber erst ernstgenommen wird, als es durch eine drakonische Abmagerungskur nicht nur ihre Komplexe verliert und zu einer selbstbewußten jungen Frau erblüht.

Mit diesem Stück hatte ich im Vorjahr bereits eine dreimonatige Tournee im deutschsprachigen Raum, allerdings mit anderer Regie und Besetzung, absolviert. Die dort von der Hauptdarstellerin durch Fasten und regelmäßige Schwitzbäder erfolgte körperliche Verwandlung hatte einigen Symbolcharakter. Es ergaben sich für meine eigene, allerdings innerliche Wandlung, gewisse Parallelen.

Ich ließ mir aus dem Heidelberger »Center for Vedic Studies« weitere Bücher, wie die *Bhagavadgītā* und eine Zusammenfassung der *Upanishaden* nach Köln kommen. Irgendwie waren mir die Interpretationen nicht neu. All dieses spirituelle Gedankengut kam mir seltsam vertraut vor. Dieses neu entdeckte, uralte Wissen von den kosmologischen Zusammenhängen der Welt, das ich allmählich wieder in mir erweckte, beeinflußte mein Lebensgefühl beträchtlich. Ich fühlte mich wie von unsichtbaren Kräften geführt. Auch war ich ohne Wenn und Aber dazu bereit, die notwendigen gravierenden Umstellungen meiner bisherigen

Lebensgewohnheiten sukzessive an mir vorzunehmen.

Daneben und in Übereinstimmung mit meiner äußerst weltlichen Theaterarbeit, beschäftigte ich mich auch eingehend mit dem Übersetzer dieser Schriften, jenem Shrila Prabhupada, der 1977 in Vrindavan, nachdem er mit seiner Erweckungsbewegung weltweit Zentren gegründet hatte, diesen Planeten verließ. Völlig überwältigt las ich seine Biographie, die es damals nur in Englisch gab. Sämtliche Stationen seines Ringens um den Erneuerungsgedanken dieses uralten »Krishna- (oder Gottes-)Bewußtseins«, seine strengen, aber einfachen Regeln mit dem Chanten des *mahā-mantra* und den religiösen Ritualen, werden darin in bewegender Weise geschildert.

Für mich stand fest: Ich würde in dieser Art des Lebens mein geistiges Zuhause finden. Und ich hatte auch zunehmend das Gefühl, daß mir diese *mantra*-Meditationen mit dem täglichen Chanten der Heiligen Namen erstaunlich leicht fielen. Daß ich enorm davon profitierte. Durch das bereits geübte Autogene Training hatte ich meine Konzentrationsfähigkeit soweit gestärkt, daß ich mich bereitwillig den anfänglich harten Bedingungen der frühmorgendlichen Meditation unterwerfen und den leidigen Kampf mit dem verschlafenen Körper aufnehmen konnte.

Was mich vorantrieb, läßt sich rückblickend gar nicht so leicht analysieren. Vielleicht war es der geheime Wunsch, einen alten, verlorengegangenen Zustand religiösen Ergriffenseins in dieser Existenz wiederzuerlangen. Etwas in mir hatte sich entschieden, die uralten Weisheiten transzendentaler Gesetze zu erforschen und für meine spirituelle Entwicklung zu meinem Höheren Selbst und damit auch zurück zu Gott, in diesem jetzigen Dasein so weit wie möglich voranzutreiben. Das vermittelte mir eine vieldimensionale Lebensqualität, die sicher nur der richtig nachvollziehen kann, der sie bereits durch eine Yogaform oder ein anderes spirituelles Training für sich erworben hat. Dabei war ja eigentlich nur das uralte Gesetz des Lebens als evolutionäres Prinzip von mir wiedererkannt worden. Und ich versuchte es als geistige Bewußtmachung auch in meinen Alltag zu integrieren. Der klare Spiegel meiner Seele sollte dank des *Bhakti-Yoga* von allem Schmutz, der ihn seit urdenklichen Zeiten Leben für Leben mehr und mehr bedeckte, befreit werden. Dessen war ich sicher. Und obwohl ich mich noch im Anfangsstadium meiner neuerweckten geistigen Entwicklung befand, war evident, daß ich zugleich an alte Bewußtseinszustände aus vergangenen Leben anknüpfen konnte. Das mag ein wenig seltsam und geheimnisvoll klingen. Aber ich versuche im Laufe meiner Schilderung noch besser auf diesen Umstand einzugehen. Denn Religion als wichtigster Lebensausdruck hatte auch schon in vergangenen Existenzen eine herausragende Rolle für mich gespielt

Wenn man so will, sollte ja auch das Theater als »moralische Anstalt«, wie Schiller es so anspruchsvoll formulierte, den Menschen ein erhöhtes Abbild des Lebens (im Drama mit der entsprechenden Konfliktsituation und der daraus folgenden Katharsis, was schlicht Läuterung bedeutet) vor Augen führen. Aber unsere moderne Theaterauffassung hat sich leider weitgehend von diesem hohen Leitsatz entfernt. Und auch ich hatte es, obwohl auf der Schauspielschule gelernt, in der großen Unwissenheit meiner frühen Jahre vergessen.

Während dieser Zeit des Umbruchs und nachdem ich meine Richtung gefunden hatte, kam Andreas, um für mehrere Wochen bei mir in Köln sein neuestes Buch fertigzuschreiben. Er konnte zunächst überhaupt nicht begreifen, was mit mir vorging. Also las er ebenfalls diese wunderbare Literatur, und wir diskutierten nächtelang. Er war erschüttert, daß ich nur noch bereit war, vegetarisch zu kochen und den bisher geliebten Champagner verschmähte. Aber für mich war die innere Notwendigkeit gegeben, mich von all dem, ja sogar von der Art unserer Beziehung, abzunabeln. Und plötzlich schien das auch möglich zu sein. Meine Moral war auf einmal wieder da! Langsam allerdings. Wie ich fand, viel zu langsam. Aber ich wußte auch, daß ich nichts überstürzen durfte. Seinet- wie meinetwillen nicht.

Es war ein harter, ein jahrelanger Kampf, über meinen Schatten zu springen. Und so kam natürlicherweise eine Zeit, in der es auf einmal zunehmend größere Verständigungsschwierigkeiten zwischen uns gab. Es existierte zwar immer noch dieses schöne Gefühl einer alten Vertrautheit. Aber unsere Bewußtseinsebenen waren unterdessen zu weit voneinander entfernt. Denn er erkannte zwar den von mir eingeschlagenen Weg als absolut richtig, für ihn aber nicht als durchführbar, an. Und er spürte auch, daß er bei mir argumentativ nichts würde erreichen können. Resigniert und enttäuscht über das Abklingen dieser sinnlichen, im Hier und Jetzt so schwierig gewordenen Beziehung, lehnte er es zunächst sogar ab, unser Verhältnis auf eine platonische Verbindung umzustellen.

»Das kann ich nicht,« hatte er kategorisch erklärt. »ich sehe dich als ganzheitliches Wesen, ich kann die Frau dabei nicht negieren. Wenn ich mit dir zusammen bin, will ich das in dieser Ganzheit sein. Bitte versteh doch, ich kann nicht anders!«

Für mich war dieser Abschied innerlich längst vollzogen. Aber es besteht eben ein großer Unterschied zwischen einem mental gefaßten Vorsatz und seiner praktischen Verwirklichung. Und mit Ablauf der Zeit, jetzt, zu Beginn des Jahres 1989, wo ich – wieder in Köln – das Durchlebte zu Papier bringe, funktioniert jene, damals so kraß abgelehnte Art der Beziehung bestens. Andreas hat sogar, ganz eigenständig, eine gewisse transformative Entwicklung erfahren und ist dabei, einen Weg, ähnlich dem meinen, zu gehen.

Mein inneres Wesen entwickelte sich, unabhängig von den mehr oder weniger beruflichen Erfolgen auf der Bühne oder bei Fernsehauftritten, unentwegt weiter. Es gab Kollegen, Kolleginnen und auch Regisseure, die mehr in mir sahen als nur die gutgebaute, prominente Actrice, die ihr Handwerk gelernt hat und versteht, genau das, gepaart mit ihrem komödiantisch-rasanten Temperament, richtig einzusetzen. Es mutet fast ein wenig tragisch an, wenn ich dazu sagen muß, daß eigentlich alle potentiellen Förderer meiner bestimmt noch nicht voll zur Geltung gekommenen künstlerischen Möglichkeiten verstarben. Das gilt für Hubert von Meyerinck ebenso wie für Peter Vogel und Herbert Fleischmann, um nur die bekanntesten zu nennen. Über diese eigenartigen Geschehnisse werde ich auch an anderer Stelle noch etwas mehr berichten.

Eine Journalistin, die meine Laufbahn auch während der Zeit, in der ich als Entertainerin im Fernsehen in Erscheinung trat, verfolgte, wollte einmal bei einem psychologischen Interview von mir wissen, ob ich denn über den Verlauf meiner Karriere und den andauernden Erfolgskurs nicht erstaunt sei und ob es vielleicht nicht auch bei mir Momente gäbe, in denen mich ein Anflug von Größenwahn streifte. Ich konnte die Schreiberin nur erstaunt ansehen und ratlos den Kopf schütteln.

»Warum sollte ich?« war schließlich meine etwas hilflose Gegenfrage. »Irgendwie hatte ich immer das Gefühl, daß man zwar einiges für die Weiterentwicklung seiner Karriere tun muß«, versuchte ich ihr meine Einstellung zu erklären. »Deshalb nahm ich auch Stepunterricht, belegte Kurse in Jazztanz und ließ mich auch sprachlich weiter unterrichten. Insgeheim jedoch war ich fest davon überzeugt, daß der Ablauf des von mir eingeschlagenen Weges für mich vorbestimmt war. Und daß ich aus einem einfachen bürgerlichen Elternhaus stamme und es zu Beginn dieser – von allen unerwünschten – Laufbahn schwer hatte, meine Ambitionen durchzusetzen, war allerdings dabei bestimmt kein Handikap. Eher sogar ein noch stärkerer Ansporn.«

Die Reporterin wollte dann noch wissen, ob dieses flotte Leben und der immer wiederkehrende Geldsegen nicht auch eine große Gefahr darstellte, weil ja der Erfolg oft korrumpiere, sodaß man beispielsweise auch Rollen spielen müsse, nur der tollen Gage wegen, sogar vielleicht wider besseres Wissen. Dazu konnte ich nur sagen, daß ich zu Beginn meiner Karriere sicher nicht ganz so zielstrebig sondierte – es bestand dazu auch einfach gar nicht die Möglichkeit – und mich deshalb auch gewiß ein paarmal verhauen habe. Aber daß ich gerade durch diese negativen Erfahrungen vieles gelernt habe und daß das alles zu meiner Entwicklung gehörte. »Ich weiß also beim besten Willen nicht, worauf ich mir etwas einbilden sollte«, versicherte ich abschließend. Ich glaube, sie hat es mir letztlich sogar abgenommen.

Diese Einstellung hängt sicher auch damit zusammen, daß sämtliche über mich angefertigten Geburtshoroskope davon ausgehen, daß ich diesen Weg einschlagen mußte. Und sowohl Publikumsgunst als auch die entsprechenden Anlagen bestätigen sich in meinen Konstellationen. Auch daß eine geistige Transformation ganz eindeutig im Ablauf als Konditionierung deutlich vorgesehen ist. Dann gibt es dazu sogar noch eine interessante Reinkarnationsaussage, die nicht ohne einen diesbezüglichen Hinweis ist. Doch auch davon später.

So war das Bestreben nach Verbesserung quasi als roter Faden meiner beruflichen Entwicklung immer eine starke Antriebskraft gewesen. Bei den Rollenangeboten in Film und Fernsehspielen, den Figuren in Serien und vor allem den Auftritten in den TV-Shows von Peter Kraus und Michael Schanze, bis zum Musicalstar in »Gigi«, war eine stetige Aufwärtsentwicklung zu spüren. Ich nahm das keinesfalls als eine selbstverständliche Sache hin. Denn es gehörte ja auch dazu, Angebote von minderen Filmen und läppische Rollen in irgendwelchen Stücken trotz ziemlich hoher Gagen eben nicht mehr anzunehmen. Ich wollte mich nicht vom Geld und vom schnellen Erfolg korrumpieren lassen. Meine Agentin war da immer ganz auf meiner Seite. Sie hatte sogar Verständnis, als ich die naiv-kokette Shirley Mc Laine-Rolle der »Irma La Douce« als deutschsprachige Musical-Aufführung nach Jahren nicht noch ein drittes Mal übernehmen wollte.

Inzwischen hatte ich gelernt, mehr auf meine innere Stimme zu hören und konnte mich auch weitaus besser auf diese verlassen. Meine Natur hatte nur darauf gewartet, geistig gebändigt zu werden. Und während ich mich täglich in *mantra*-Meditation übte, durch deren transzendentale Klangschwingung direkt das seelische Krishna- (oder Gottes-)Bewußtsein re-animiert wird, um damit allmählich die feinstofflichen Zentren über meine aurischen Schichten und die Chakren zu öffnen, ging damit langsam, aber sicher auch eine Läuterung unbewußterer Bereiche meiner inneren Natur vonstatten. Ein langsamer, inner-dynamischer Prozeß, der bei allen anderen Yogadisziplinen und Meditationsformen früher oder später angestrebt wird. Ich aber hatte mich ja, durch die Philosophie der vedischen Schriften absolut überzeugt, für den spirituellen Weg des Krishna-Bewußtseins, der *bhakti-* (= Hingabe) oder *buddhi-* (= Intelligenz) Yoga lehrt, entschieden. Damit ist allerdings keineswegs eine falsch verstandene, radikale Abkehr vom weltlichen Leben verbunden. Es wird vielmehr (wie nachfolgend zum Beispiel von Shrila Bhaktisiddhanta Sarasvati Thakura wunderbar erklärt), eine Bewußtseins- und Sinneswahrnehmungsänderung angestrebt.

»Wenn wir nicht alles als Manifestation der Höchsten Persönlichkeit Gottes (Shri Krishna) sehen, werden wir das Opfer von falscher Entsagung. Was immer wir als getrennt von Gott sehen, wird für uns keine Verbindung mit unserem Dienst für Ihn haben. Aber wenn wir alles in Zusammenhang mit Gott sehen, benutzen wir auch alles zur Zufriedenstellung Gottes. Das ist *yukta-vairāgya.* Wenn man alles als Zubehör für den Dienst Gottes sieht, braucht man an Entsagung gar nicht zu denken, denn man benutzt automatisch alles auf die richtige Art und Weise für den Dienst Gottes.«

Ich bemühte mich also, eine Synthese herzustellen. Einen Konsens zwischen den weltlich-irdischen Anforderungen der Karriere und dem Eintauchen in transzendentale Bereiche, um dadurch mein Wahrnehmungsvermögen zu stärken und eine innere Spiritualität zu entwickeln.

Die bekannte Buchautorin und Yogalehrerin Elisabeth Haich sagt dazu: »Die Welt denkt, daß der Yogi oder die Yogini auf völlige Entsagung aus sei und auf alles verzichten will, was das Leben zu bieten hat. Doch das Gegenteil ist der Fall. Sie wollen das Allerhöchste, nämlich das Leben selbst: Gott Selbst! Sie verzichten nur auf die vergänglichen Freuden und ziehen die ewigen vor.«

Nach der Reanimation auf der Intensivstation zwei Jahre zuvor, war ich zwar mit einem bereits veränderten Bewußtsein wieder zu mir gekommen. Aber um den wahren inneren Kern meiner spirituell-religiösen Natur freizulegen, bedurfte es strenger Übungen und einer strikten Disziplin. Und ich war jetzt dabei, diesen Weg zu gehen. Es war mir auch klar, daß es eigentlich nur die höheren Aspekte des Lebens sein können, die dem Individuum die eigentliche Freiheit ermöglichen und die den einzelnen, wenn er sich darum bemüht, von seinen triebhaften Forderungen des egoistischen Selbst wegführen und dadurch in Wechselwirkung die weltlichen Sinne immer mehr ausschalten.

Auf das alltägliche Leben übersetzt, sind es dann auch die kleinen Begebenheiten, die eine richtige Einstellung von uns abverlangen. Diese einfachen Handlungen des Alltags mit Bewußtheit zu durchdringen, gehört zu dieser Umpolung. Es sind nicht die spektakulären Momente eines großen Auftritts, die für mich wichtig wurden. Damit wurde ich leicht fertig. Es waren vielmehr die einfachen täglichen Verrichtungen, die ich mit neuen Impulsen und neuer tieferer Einsicht durchdringen mußte. Dabei versuchte ich – so unaufdringlich wie möglich – sowohl durch meine Haltung den Mitmenschen gegenüber, etwas von meiner neuen inneren Einstellung zu vermitteln, als auch im Stil meiner Kleidung und den harmonischen Farben, die ich mit ganz neuer Bewußtheit dafür wählte, erkennen zu lassen. Wahrheit, Schönheit und innere sowie äußere Harmonie sind drei hohe Eigenschaften, denen ich mich immer schon verpflichtet gefühlt hatte. Und inzwischen konnte ich mich noch viel bewußter und direkter dazu bekennen. Viele Menschen haben übrigens den Hang, ohne zu wissen, warum dies eigentlich geschieht, sich im Dasein ihrem anspruchsvolleren Sinn und den kosmischen Gesetzen der ewig gültigen Ordnung zu unterwerfen.

In meinem Beruf, bei dem man über das Medium des Bildschirms und der Filmleinwand ein Millionenpublikum erreicht, nimmt man, ob man es will oder nicht, die Rolle eines »Vorbilds« ein.

Das Volk schaut einem nicht nur aufs Maul. Es nimmt die guten und die negativen Eigenschaften, eine Rolle, deren Darstellung und die jeweilige Ausstrahlung viel intensiver auf, als sich manche Produzenten überhaupt bewußt sind. Und der Bildschirm oder auch die Bühne haben die Funktion eines Röntgenapparates oder Vergrößerungsglases, wobei die positiven oder schlechten Wirkungen vergröbert übertragen werden.

Ich bin mir dieser Wirkung im Laufe meiner Berufsjahre immer bewußter geworden. Und das ist auch der Grund, weshalb ich mich auf gewisse törichte Rollen mit mehr oder weniger trivialen Aussagen gar nicht mehr einlassen kann. Ich würde dagegen sofort eine Charakterrolle übernehmen, in der eine Frau, auf die schiefe Bahn gekommen, zur Verbrecherin wurde, deren Wandlung aber im Laufe der Handlung zum Ausdruck kommt und die tätige Reue übt.

Die bedenkenlos über den Bildschirm verbreiteten, verbrecherischen Aktionen, wie sie von den vorwiegend amerikanischen Serien – im Dutzend billiger – propagiert werden und die üblen Tricks, um ans schnelle Geld zu kommen, die da für die noch durch die Pubertät labilen Jugendlichen ausgestrahlt werden, halte ich für ausgesprochen verantwortungslos. Und ich frage mich ernsthaft, nach welchen moralisch-ethischen Prinzipien die gerne so hohe Absichten verkündenden Verantwortlichen eigentlich ihre Macht einsetzen. Auch hier müßte bald ein allgemeiner Bewußtseinswandel stattfinden. Denn das Schlechte, Dämonische und all die dunklen Aspekte, die hier quasi aus der Gegenwelt vorgeführt werden, haben besonders auf junge Menschen eine eindeutig negativere Wirkung, als dies bisher von Medienforschern und TV-Psychologen erkannt wurde. Heißt es nicht so symbolträchtig auch in einem Christuswort: »Denn wer Gewalt sät, wird Gewalt ernten!?«

Daß ich hier einen so krassen Standpunkt vertrete, mag vielleicht ein wenig verwundern. Doch der Nachahmungswert des Niederen und Brutalen, das unsere Welt in dieser Endzeitphase beherrscht, ist leider um vieles stärker als der Einfluß, den gute und positive Sendungen, die es ja glücklicherweise auch noch gibt, auf bereits gestörte Jugendliche haben.

Nach meinem Aufenthalt in Köln während des Gastspiels im Theater am Dom, bei dem ich in der fremden Wohnung diesen spirituellen Fingerzeig erhielt, stand als nächstes eine Episodenrolle in der ZDF-Serie »Traumschiff« auf dem Programm. Drehort: ein Luxusdampfer in der Karibik. Ich träumte also von südlichem Klima, gesunder Seeluft, vielen interessanten Begegnungen.... von bezahlten Ferien.

Für meine damalige Gemütsverfassung schien das Angebot unglaublich verlockend. Die Mitwirkenden, sowohl das Team hinter der Kamera – mit dem kurz nach Beendigung dieser Dreharbeiten verstorbenen Fritz Umgelter als Regisseur –, wie auch die immer wieder wechselnden Schauspieler dieser Serie, hatten noch keine Ahnung, daß diese unterhaltenden, positiv-lebensbejahenden Verwicklungsgeschichten zu einem solchen Publikumsknüller werden würden. Auch Sascha Hehn hatte damals seinen Durchbruch in der Rolle des »Steward vom Dienst« noch nicht erreicht.

Ich flog zusammen mit einigen Kollegen im Frühjahr 1981 für die dreiwöchigen Dreharbeiten zunächst nach Miami in Florida. Dort bestiegen wir dann den Riesendampfer, der unter norwegischer Flagge fuhr.

Unsere Unterbringung während der Dreharbeiten an Bord war allerdings etwas beengend. Wir wohnten auf dem Zwischendeck. Und obwohl jeder Darsteller eine Doppelkabine beziehen konnte, fühlte ich mich in der schmalen dumpfen Kajüte eingeschlossen und bekam irgendwie nicht genügend Luft. Bald kam ich deshalb auf die Idee, mit meinem Schlafzeug nachts unter freien Himmel in einen Liegestuhl umzuziehen. Hier im Angesicht des tosenden Ozeans, unter dem prächtigen Sternenhimmel, fühlte ich mich losgelöst und im Einklang mit den Elementen.

Obendrein war ein liebeshungriger, echter Steward der Schiffsbesatzung, der mich mit den unmöglichsten Schwüren und Beteuerungen verfolgte, eine weitere Belastung. Aber Maxl Graf, der beliebte Volksschauspieler und mein Partner, merkte, wie sehr mich diese Geschichte nervte. Und erkor sich kurzerhand zu meinem Beschützer, der mir immer wieder den Weg in meine Kabine zurück freihielt.

Während dieser Zeit studierte ich während der Drehpausen die *Bhagavadgītā*. Und auch Gila von Weitershausen, mit der ich verschiedene Szenen zu drehen hatte, zeigte großes Interesse an meiner Lektüre. Also lasen wir abwechselnd. Auf der mexikanischen Insel Cozumel dann, während der Woche, die wir dort Aufenthalt hatten, konnte ich mich am Strand, mit den Füßen im Meer, in dieses wunderbare Schriftwerk vertiefen. Solch elementares Einswerden mit der Natur war immer wieder ein ganz besonderes, tiefes und innerlich befreiendes Erlebnis auf meinem neu eingeschlagenen Weg. Während der Dreharbeiten waren auch einige Landausflüge vorgesehen. Wir gingen deshalb mit den anderen Passagieren unter anderem in Haiti zu einem Besichtigungsbummel an Land. Aber die Einheimischen waren sichtlich nicht erbaut von dieser Kurzinvasion der reichen Weißen, denen gegenüber sie sich mißtrauisch und abweisend, ja sogar drohend verhielten. Überdeutlich, fast greifbar war die ungeheure Spannung zu spüren, die ja auch sehr bald politischen Zündstoff liefern sollte. Diese Landgänge hatten etwas von Spießrutenlaufen an sich. Deshalb waren auch alle Passagiere erleichtert und froh, an Bord wieder ungestört ihre Ferienstimmung genießen zu können.

Und dann war da ein Erlebnis, das mich zutiefst empörte, beschämte und gleichzeitig total mutlos werden ließ, weil ich daran die allgemeine Ausweglosigkeit der Situation der Menschheit auf diesem Planeten erkannte: Bei einer Party der echten Schiffsbesatzung unter Deck waren einige Mitglieder unserer TV-Crew eingeladen. Ich gehörte dazu. Die Kajüten der Besatzung lagen tief im Rumpf des Schiffes, also bereits unter Wasser. Fensterlos, beängstigend laut, luftlos, einfach unheimlich. Aber die Stimmung schlug hohe Wellen. Als gegen Mitternacht einige der Partyteilnehmer wieder auf die, ein Stockwerk höher gelegene, loggia-artige Terrasse im Heck des Schiffes zum Luftschnappen gingen, schloß ich mich ihnen an. Es war eindrucksvoll, so unmittelbar über der schäumenden Gischt, das Meer aus dieser Perspektive zu erleben. Mit diesem strahlenden Mond, dessen Licht sich silbrig auf dem ansonsten ruhigen Ozean spiegelte. Plötzlich öffneten sich über uns irgendwelche Schleusen und sämtlicher Müll und Tagesunrat wurde, unaufhörlich ins Wasser klatschend, im hohen Bogen aus dem Riesenschiffsbauch befördert. Bald zog sich eine lange, bunte Abfallspur hinter uns her, die sich am Horizont verlor. Ich war sprachlos. »Ach was«, meinte Josef, einer der österreichischen Stewards, »das wird jede Nacht so gemacht. Wo sollten sie denn auch sonst hin mit dem Zeug. Außerdem fressen das doch sowieso die Haie.« Bis dato war mir nicht bekannt gewesen, daß sich Fische von Plastiktüten ernähren.

Sascha Hehn, fotogen, wohlerzogen, gutaussehend und mit nobler Ausstrahlung, war im Jahr 1981 noch weitgehend unbekannt, den männlichen Partnern aber sichtlich ein Dorn im Auge. Er spielte mit großer Gelassenheit und Talent. Ich schloß mit einigen besonders neidischen Kollegen eine Wette ab: »Wenn der keine Karriere macht, trete ich von der Bühne ab!« Als ich ihn kürzlich in München bei der Vernissage seines Maler-Freundes C.W. Röhrig traf (von dessen traumhaft-schöner esoterischen Malerei man sicher noch viel hören wird) und ihm von meinem etwas gefährlichen Gelübde erzählte und mich außerdem dafür bedankte, daß er diese prophezeite Karriere auch tatsächlich gemacht hatte, lachten wir beide herzlich. Ich schätze Sascha auch von seiner Gesinnung her, weil er für die Strömungen des New Age offen ist, wie seine Vorliebe für mediale Musik, Naturheilmethoden und esoterische Malerei zeigt.

Damals, auf dieser »Traumschiff«-Reise, wie ich sie bald schon nannte, fiel mir auch Dietlinde Turban auf. Hätte ich jemals eine Tochter gehabt, so hätte ich mir so eine wie sie gewünscht. Auch sie hat in der Zwischenzeit Karriere gemacht.

Diese Schiffsreise – wir liefen übrigens auch die Bermudas an, weil einige I. Klasse-Passagiere Lust verspürten, dort Golf zu spielen – erwies sich für mich als ziemlich strapaziös. Ich erinnere mich, den Rückflug in einer Art Dämmerzustand verbracht zu haben und wie in Halbtrance zu Hause in München angekommen zu sein.

Der einzige Trost auf diesem Luxuskreuzer war für mich das Bordkino. Ich sah mir alle Filme an, die dort in englischer Originalfassung liefen. So zum Beispiel auch »Turning Point« (Wendepunkt). Shirley McLaine, über lange Zeit mein großes schauspielerisches Vorbild, spielt darin ja nicht nur eine der Hauptrollen, sondern wirkte auch beim Drehbuch und Zustandekommen dieses alternativen Streifens mit. Stil und Aussage dieses Films beeindruckten mich damals besonders.

Bei meinem Landgang während dieses nicht-planmäßigen Abstechers auf eine der Bermuda-Inseln telefonierte ich mit Andreas, der damals gerade in Bonn engagiert war. Er begrüßte mich mit den Worten: »Die Bombe ist geplatzt!« Ein Journalist hatte im Zusammenhang mit einem Interview von mir seinen Namen preisgegeben. Es war ja wohl nicht allzu schwer gewesen, ihn herauszufinden. Später schrieb mir dieser Reporter in einem reuigen Brief, er hätte mir mit dieser Enthüllung helfen wollen, Andreas zum Überdenken seines Vorgehens und zum Handeln zu zwingen. Aber der Ablauf dieser Geschichte war längst vorprogrammiert, dieses Karma konnte nicht mehr abgewandelt werden. Andreas leugnete selbstverständlich alles, und ich tat dies, später zu Hause bei einem weiteren Interview, ebenfalls. Denn auf solche Art und Weise zu kämpfen erschien mir immer schon als unsinnig und viel zu billig.

Es war mir durch irgendeine duldungswillige Veranlagung immer schwergefallen, mich aus einer wirklichen, aber nicht mehr intakten Liebesbeziehung zu befreien. Es mußte wirklich knüppeldick kommen, bis ich endlich den Schlußstrich zog. Heute sehe ich auch diese Verwicklung weitgehend als karmisch an. Sehe sie innerhalb einer schuld- und schicksalshaften Verstrickung, in der ich offensichtlich noch aus meinen Vorleben etwas abzutragen hatte.

Warum sonst wohl hätte ich mich jahrelang so verhalten. So war auch meine Dauerverlobung mit Wolfgang zwar bereits zu Ende und intime Zärtlichkeiten längst nicht mehr möglich, aber gelöst hatte ich die Verbindung immer noch nicht. Im Herbst 1980, während ich als Partnerin von Andreas auf Tournee war, traf endlich der sogenannte »Blaue Brief« aus Wien ein, mit dem Wolfgang unser jahrelanges Verhältnis aufkündigte. Er heiratete kurz darauf. Zugegeben, in diesem Fall hatte ich zumindest Andreas' Forderung, meine Verlobung keinesfalls seinetwegen zu lösen, erfüllt.

Neben den insgesamt vier langjährigen Bindungen in meinem Leben gab es aber auch noch einige »Zwischenspiele«, die allerdings völlig anders verliefen. Hier schien ich eine Art Test an mir vorzunehmen. Nach dem Motto: Mal sehen, was dabei herauskommt! Das könnten aber freilich auch unbewußte Gegenreaktionen gewesen sein, nachdem ich dahintergekommen war, daß der jeweilige Partner es mit der Treue nicht so genau nahm. Bei diesen kurzen Romanzen ließ ich den sich anbahnenden Flirt meist bis zu einem gewissen Punkt an mich herankommen.

Es gab anscheinend noch einen abenteuerlustigen Aspekt in mir, der gelegentlich zu meiner eigenen Überraschung ganz spontan und impulsiv reagierte. Wobei ich aber die Grenzen meiner Belastbarkeit selbst absteckte. Ohne Zweifel halfen mir aber auch diese Eskapaden auf meinem eigentlichen Weg weiter.

Nun gibt es ja vielerlei Theorien darüber, wo der einzelne als menschliches Individuum seine Anlagen und die Art, wie er auf die Herausforderung der ihm zugedachten Lebensbedingungen und seine Mitmenschen reagiert, eigentlich her hat. Ich bin aber nie dem Irrtum erlegen, daß der genetische Code, den wir durch Erbanlagen unserer Eltern und Ahnen erhalten, für meine Charaktereigenschaften und die Art, mich mit der Umwelt auseinanderzusetzen, verantwortlich sei könnte. Das schien mir immer schon reichlich abwegig. Irgendwie glaubte ich, mich für meine speziellen Prägungen und die Grundmuster meiner ureigensten geistigen Matrix mitverantwortlich fühlen zu müssen. Damit versuche ich auszudrücken, daß ich selbst in der Zeit eines gewissen Treibenlassens und des allmählichen Reifungsprozesses meiner wahren Natur doch so viel aus dem Unbewußten schöpfte, daß ich damals schon das Gesetz von Ursache und Wirkung anerkannte. »Chancengleichheit« schien mir immer schon eine Utopie. Es ist nur so, daß jedes menschliche Wesen im Laufe vieler Leben immer wieder seine Chancen erhält. Ob es diese dann wahrnimmt oder nicht erkennt, ist eine ganz andere Sache.

Mein spiritueller Lehrer Shri Vihnupada sagt über dieses Thema in seinem Buch *Manifest der sozialen Vernunft:* »... Warum werden einige Menschen mit einem silbernen Löffel im Mund geboren, während andere in Armut und Elend zur Welt kommen? Warum erhalten zwei Menschen, die unter den gleichen Umständen geboren werden und unter den gleichen harten Bedingungen für ihren Erfolg arbeiten, so völlig unterschiedliche Ergebnisse? Warum verfügt der eine von Geburt an über Schönheit und Intelligenz, während ein anderer ein häßliches Äußeres besitzt und fast als dumm bezeichnet werden muß? All diese scheinbaren Ungerechtigkeiten sind ein unabänderlicher Teil unserer irdischen Wirklichkeit. Doch zugleich sind sie auch die Auswirkungen des Karma-Gesetzes. Dieses allmächtige Regulativ belohnt jede unserer Handlungen über verschiedene Existenzen hinweg mit den entsprechenden Reaktionen. Handeln wir gut und fromm und im Einklang mit der göttlichen Welt, erreichen uns auch positive Auswirkungen. Wenn unsere Handlungen jedoch sündhaft sind, können die Reaktionen darauf nur nachteilig sein. Zwischen diesen beiden Extremen guter und schlechter Taten als Ursache und Wirkung gibt es natürlich unzählig viele gemischte Rückwirkungen. Ein vorwiegend gutes Karma über mehrere Vorleben hinweg verursacht glückliche Umstände und möglicherweise eine Geburt in einer gebildeten erfolgreichen Familie. Das noch aufzulösende schlechte Karma kann uns materielle Nachteile und ein Leben voll Armut, Krankheit und Konflikten mit dem Gesetz bescheren. Das ablaufende Lebensprogramm ist allerdings sehr komplex. Es kann zum Beispiel aufgrund guten Karmas geschehen, daß man in eine reiche Familie hineingeboren wird und unter den allerbesten Bedingungen aufwächst wie etwa der Schah von Persien. Da es aber auch noch Reste eines schlechten Karmas in dieser Existenz aufzuarbeiten gilt, kann man plötzlich von seiner hohen Position stürzen und zum Ausgestoßenen werden. Es ist dies das unendliche göttliche Gesetz, das all diese Umstände hervorbringt. Wobei dieses Einzelschicksal in vielen Variationen auch für andere Lebensläufe hochgestellter Persönlichkeiten gilt.«

Diese hier etwas gekürzte Wiedergabe über die innere Logik des großen kosmologischen Gesetzes bringt mich dazu, nun noch etwas mehr über meine Geburt und die Umstände meiner Kindheit zu erzählen.

3

Die Wahrheit sollte der
Atem unseres Lebens sein...
Wer auf der Suche nach
Wahrheit ist, kann die
Richtung nicht verlieren.
Schlägt er einmal einen
Abweg ein, so wird er bald
stolpern und dadurch auf
den rechten Weg zurückgewiesen.
Mahatma Gandhi

Kindheit, Jugend, Aufbruch und eigene Wege

Mit meinem geliehenen Winterauto, einem Landrover japanischer Herkunft, fahre ich in den Münchner Vorort Neuaubing zur Wohnung meiner Eltern. Den Weg kenne ich im Schlaf. Und auf ein Abreagieren meines rasanten Temperaments dann und wann – wenn etwa ein Auto allzu schwerfällig meinen Aktionskreis blockiert – werde ich wohl nie ganz verzichten können.

Es ist ein herrlich klarer Winternachmittag, kurz vor Silvester 1988. Meine Eltern erwarten mich. Mutti hat bereits den obligatorischen Früchtetee für mich bereitgestellt. Seit ich mich übera den ließ, meinen spirituellen Weg mit all den menschlichen und übersinnlichen Erfahrungen in einem Buch zu verarbeiten, krame ich viel und sehr bewußt in meiner Vergangenheit herum. Denn die wichtigsten und einschneidendsten Ereignisse der frühen Kindheit gehören natürlich auch zu einer solchen Lebensbeschreibung. Und wenngleich ich mich an bestimmte Vorkommnisse recht gut erinnern kann, habe ich hingegen andere Begebenheiten, die bestimmt ebenso aussagekräftig sind, schlichtweg vergessen. Deshalb komme ich auch mit ein paar Notizen, um Mutter zu fragen, wie sich dieses oder jenes damals wirklich zugetragen hat.

Ich hatte eine unbeschwert fröhliche, wenn auch nicht ganz einfache Kindheit, weil ich schon relativ früh begann, mich gegen meinen autoritären Vater aufzulehnen. Nicht etwa, weil ich von Natur aus rebellisch veranlagt gewesen wäre. Weit eher, weil ich gewisse Bevormundungen einfach nicht hinzunehmen gewillt war. Mich querstellte und manchmal einfach glasklar zu begreifen glaubte, es besser zu wissen. Und viele dieser Kindheitserlebnisse wollte ich noch einmal mit Mutter durchsprechen. Ich fand zum Beispiel in meiner Sammlung von Presseberichten einen Artikel, in dem ein bekannter Serienautor einige Anekdoten dieser frühen Jahre aufgegriffen hatte, um daraus eine wahre Räuberpistole zu machen. Aber irgendwann muß ich ihm ja etwas Derartiges erzählt haben.

Als ich dann meiner Mutter im holzgetäfelten gemütlichen Wohnzimmer gegenübersitze, will ich wissen:

»War ich wirklich so ein wildes unmögliches Geschöpf, wie es in diesem Bericht geschildert wird?«

»Was für ein Unsinn«, lacht sie mich aus, »du warst nur manchmal etwas eigenwillig, hattest deinen eigenen Kopf.« Wir sprechen einige der Episoden noch einmal durch. »Du hast dich oftmals, als junges Mädchen, gegen deinen Vater aufgelehnt. Hast auch oft genug Dresche bezogen, weil du manche seiner Verbote nicht einsehen wolltest. Aber sonst warst du ausgesprochen lieb und konntest dich stundenlang mit dir selbst beschäftigen.«

Sie besinnt sich und bestätigt mir dann: »Ja, auch deine Anlage zum Theaterspielen hat sich schon sehr früh gezeigt. Nur haben wir das nicht weiter wichtig genommen.« Nachdem ich ihr die Litanei meiner angeblichen Jugendsünden vorlese, die unter dem Titel »Alle hatten Angst vor der wilden Christiane« aufgeführt sind, ist sie empört.

»Aber geh«, sagt sie. »Niemand brauchte vor dir Angst zu haben. Du warst frühreif und immer schon sehr scharfsinnig. Manchmal hast du mich mit deiner Fragerei über die Zusammenhänge und Hintergründe von diesem und jenem fast verrückt gemacht. Wie kommt das Kind dazu, sich über solche Dinge Gedanken zu machen, fragte ich mich oft. Mir wäre so etwas nie in den Sinn gekommen!«

Sie korrigiert mich bei meinen Erinnerungen ein paarmal, weil ich einiges völlig anders im Gedächtnis hatte. Auch einige Jahreszahlen habe ich ein wenig durcheinandergebracht. Aber als ich sie dann nach dem langen Gespräch verlasse und auch meinem lieben, immer etwas brummeligen Vater einen Kuß auf die Wange drücke, bin ich einigermaßen exakt über meine Zeit der frühen Jahre im Bilde. Ich werde also – wenn auch nur stichwortartig – versuchen, die Zusammenhänge und Verflechtungen darzulegen, die mir für meine Entwicklung wesentlicher scheinen.

Meine Eltern, mein Vater Ernst und meine Mutter Frieda, stammen aus Schlesien. Mein Vater, jüngster Sohn aus einem alten Bauerngeschlecht, ist gelernter Holzschnitzer, spielt Geige und hat in Görlitz die Kunstschule besucht. Er lernte meine Mutter im Krieg, bei einem Heimaturlaub kennen und verliebte sich in sie. Sie war gelernte Krankenschwester und eine hübsche, natürliche junge Frau. Am 11.9.43 fand in Grünberg die Kriegstrauung statt, und ich kam prompt neun Monate nach der Hochzeitsnacht, am 12.6.44 in Schertendorf, dem Heimatort meiner Mutter, im Haus der Großeltern zur Welt.

Mutter wohnte auch weiterhin bei ihren Eltern, und Großvater half ihr dabei, mich aufzuziehen. Er war meine erste, zärtlich geliebte männliche Bezugsperson. Und natürlich ziemlich in mich vernarrt. Nach Kriegsende und dem großen Zusammenbruch treckte die ganze Familie in Richtung Bayern. Ich im Kinderwagen oder – wenn von einem Zug in den anderen umgestiegen werden mußte – nach der heute üblichen Manier in einem Tuch, das sich meine Mutter umgebunden hatte.

An all die aufregenden und belastenden Nachkriegserlebnisse auf dieser Flucht vor den Russen kann ich mich natürlich überhaupt nicht erinnern. Auch wenn diese frühkindlichen Eindrükke selbstverständlich in meinem Unterbewußtsein gespeichert sind. So hatte ich beispielsweise lange Zeit mit Problemen an Grenzübergängen zu kämpfen. Wenn etwa ein uniformierter Beamter forsch auf meinen Wagen zukam. Nur mit Mühe konnte ich mich dann davon abhalten, nicht einfach Gas zu geben. Und mußte mich außerdem dazu zwingen, mich während der Formalitäten einigermaßen normal ihm gegenüber zu verhalten. Oder wie ich immer anfing, innerlich zu zittern, wenn laut ein Flugzeug vorbeiflog. Die Anspannung ließ erst nach, wenn das Geräusch am Horizont verklang.

Da Mutter während der ersten Kriegsjahre einmal in dem bayrischen Dorf Farchant (bei Garmisch) ihre Ferien verbracht und bei einer Bauernfamilie besonders herzliche Aufnahme gefunden hatte, kam ihr bei dieser Flucht im Januar 1945 die Idee, zunächst nach Farchant zu fahren. Und so trafen wir nach großen Strapazen und Entbehrungen mit dem wenigen Hab und Gut, das wir mitschleppen konnten, ansonsten gesund dort ein. Und kamen als Vertriebene auch gleich in einem Raum bei Bauern unter. Über meinen Vater war nur in Erfahrung zu bringen, daß er von den Amerikanern an der italienischen Front gefangengenommen worden sei.

Ich wuchs bei der Bauernfamilie in ziemlich beengten, aber liebevollen Verhältnissen auf. In dieser reizvoll ländlichen Voralpenlandschaft, die mich zum Naturkind werden ließ. Meine Erinnerungen an jene Zeit sind allerdings leider nur spärlich. Einmal brachte mich eine Bäuerin ganz aufgeregt zu meiner Mutter zurück, weil ich auf dem Bahngleis seelenruhig mit meinem Puppenwagen gespielt hatte, der Zug also halten und der Lokomotivführer mich erbost vom Gleis entfernen mußte.

Was war das bloß für ein Kind, das sich so naiv in solche Gefahr begab! Mutti nahm mich streng ins Gebet: »Hast du denn den Zug nicht kommen hören? Warum bist du nicht sofort aufgestanden und hast deine Sachen mitgenommen?« Ich wußte nichts zu antworten. Großvater wurde daraufhin dazu verdonnert, auf mich aufzupassen. Mutti arbeitete zu jener Zeit als Zimmermädchen in einem großen Hotel und war deshalb tagsüber weg.

Eineinhalb Jahre nach Kriegsende kam erneut Nachricht von meinem Vater. (Zwei seiner Brüder waren in Stalingrad gefallen). Ich war etwa drei Jahre alt, als Mutter mich nach Milbertshofen bei München mitnahm, um dort im Auffanglager den fremden Mann mit stoppeligem Gesicht, der mein Vater sein sollte und uns in abgerissener Uniform entgegenkam, zu besuchen.

»Das ist dein Vati«, versuchte mir Mutter klarzumachen. Ich wandte mich gelangweilt ab. Auch zu einem Küßchen konnte ich mich nicht herablassen. Was will dieser Mensch? muß ich wohl gedacht haben. Was habe ich mit ihm zu schaffen? Aber meine herzensgute Mutter ließ nicht locker. Erklärte mir immer wieder die familiären Zusammenhänge und impfte mir außerdem ein, den Vater beim nächsten Besuch doch bitte zu küssen. Und sei es nur deshalb, weil er so schrecklich viel mitgemacht hatte. Das muß ich dann wohl auch getan haben.

Die nun wieder komplette Familie zog bald nach Zorneding bei München. Dort nämlich fand Vater Arbeit als Möbelschreiner, denn mit der Kunst des Holzschnitzens konnte er seine Lieben damals leider nicht ernähren. Ich hätte mich, so berichtete mir Mutter, mit allerlei Bauklötzchen, die Vater aus der Werkstatt mitgebracht hatte, immer in eine Ecke verzogen und dort stundenlang diesen Hölzern Leben eingehaucht, indem ich lebhafte Dialoge mit ihnen führte. Ich verstellte dabei unter Zuhilfenahme verschiedener Tonlagen meine kindliche Stimme, und Mutter war, wann immer sie Zeit fand, mir zuzuhören, völlig perplex, mit welcher Phantasie ich meine häuslichen Privatvorstellungen ausschmückte. Ich brauchte allerdings keine Zuschauer, war mir offenkundig für diese kindlichen Verwandlungsspiele durchaus selbst genug. »Woher hat sie das bloß?« fragte Mutter sich und andere immer wieder. Denn wenngleich es für mich auch die selbstverständlichste Sache der Welt schien, war es für die anderen doch äußerst verblüffend.

Hier ist ein kleiner Einschub angebracht, um zu erwähnen, daß mir vor einiger Zeit eine Freundin, die sich jahrelang mit Reinkarnationsforschung befaßt und mit ihren medialen Kräften, wann immer es ihr gestattet ist, die Akashachronik (das sozusagen sphärische Weltgedächtnis, das in vielen esoterischen Berichten erwähnt wird) anzapfen kann, mir einmal spontan erklärte, ich sei im letzten Leben die Katharina Schratt gewesen. Mir war der Name nicht geläufig. Zugleich aber war ich gar nicht sonderlich erstaunt, als ich erfuhr, daß jene berühmte Hofschauspielerin in Wien die erklärte und offizielle Geliebte des letzten Kaisers und Sissi-Ehemanns Franz Joseph gewesen sei. Ich werde in anderem Zusammenhang noch einmal auf diese eigenartige Enthüllung zurückkommen. Aber meine frühkindliche Begeisterung für das Theaterspielen, die dann im Kindergarten und in der Schule spürbare Ausweitung erfuhr, würde sich mit diesen, in einem vorigen Leben bereits ausgeübten Talenten zumindest ganz gut vereinbaren lassen. Das Beispiel des genialen Wunderknaben Mozart ist ja hinlänglich bekannt, ich will es hier nicht weiter strapazieren. Für ihn gilt diese Auslegung ebenfalls, denn woher sonst sollte er seine große Meisterschaft im Kindesalter gehabt haben, wäre er nicht, zumindest bereits im letzten Leben, ein versierter Komponist gewesen, der nun seine großartigen Kenntnisse in neuer Existenz so glänzend unter Beweis stellte und zur höchsten Blüte brachte?

Unauslöschlich in mein Gedächtnis eingeprägt sind meine einsamen Spaziergänge, die ich als Schulkind unternahm, grübelnd und beobachtend durch Wald und Flur stapfend. Bei einem dieser Streifzüge hatte ich eines Tages in einem vorgelagerten Wäldchen einen besonders großen, emsig surrenden Ameisenhaufen entdeckt. Neugierig betrachtete ich das Treiben des Insektenvolkes. Immer wieder zog es mich geradezu magisch zu diesem Platz. Ich stellte fest, daß diese winzigen Tierchen von einer sie alle verbindenden Kraft durchdrungen schienen. Einmal steckte ich ein Stöckchen von oben senkrecht in den Haufen, um zu sehen, wie die Tierchen nun aufgeschreckt einen Weg um diese Störung herum finden würden. Ich beobachtete stundenlang ihr Verhalten, versuchte festzustellen, wieviel eine Ameise tragen konnte, welche Hindernisse sie bewältigte, welche unüberwindlich für sie waren. Oft legte ich auch ein großes Taschentuch auf den Haufen, um anschließend, rücklings auf dem Waldboden liegend, mein Gesicht mit dem von der Ameisensäure stark aromatisierten Tuch zu bedecken und diesen atemberaubend scharfen Geruch genüßlich einzusaugen. Zwischen den Baumwipfeln schien die Sonne auf mich herab. Ich war selig, hörte auf das Geräusch des Sommertages. Ich hatte übrigens herausgefunden, daß ein Sonntag einen ganz anderen Klang hat als ein Wochentag. Ich fühlte mich in Harmonie mit der Natur.

An einem dieser sonnigen Ameisen-Erforschungs-Tage fragte ich mich, bäuchlings vor dem Gegenstand meiner ganzen Aufmerksamkeit liegend, was so eine Ameise wohl denken mochte. Kann sie vielleicht, überlegte ich, erkennen, wer und was ich bin? Hat so eine winzige Kreatur eine Ahnung von der Welt, in der ich lebe? Kann sie sich etwas von dieser Welt mit ihren Seen, Flüssen, Häusern, dem Himmel mit Sonne, Mond und Sternen und all dem, was die Menschen auf dieser Erde umgibt, vorstellen? Ich kam zu dem Schluß, daß für die Ameisen in dem Moment, wo ich mein Taschentuch über sie lege, wahrscheinlich die Welt untergeht. Und plötzlich hatte ich das Gefühl, mich in einer ganz ähnlichen Situation wie diese Ameisen zu befinden. Einfach, weil ich in meinem beschränkten Denken diese meine Welt für die einzige hielt, die es gab.

Immer weiter dachte ich darüber nach, daß wohl viele Menschen diese unsere Welt für den einzig denkbaren Ameisenhaufen hielten. Dabei kam mir auf einmal der Gedanke, daß möglicherweise neben meinem »Häufchen Welt« genau wie ich jetzt hier, ein Lebewesen sitzen könnte. In einer Welt, von der ich keinerlei Vorstellung besaß. Und das lächelnd mein Treiben betrachtete und auf seine Weise mit mir spielte, genau wie ich mit den Ameisen. Dieses seltsame Gefühl der Wechselwirkung, des Ineinandergreifens von Mikro- und Makrokosmos, das wie eine Ahnung in meinem noch so unentwickelten Denken aufgetaucht war, habe ich als Grundidee später wieder vergessen. Aber als eine unterschwellig vorhandene, ahnungsvolle Schwingung ist es nie von mir gewichen, bis es in den Vedischen Schriften seine Bestätigung fand.

Wenn ich nach solchen, für ein Kind wohl etwas ungewöhnlichen Überlegungen, nach Hause kam und mich mit meiner Mutter voll innerer Bewegung über diese Einsichten und Erfahrungen unterhalten wollte, schüttelte die Arme nur den Kopf. Dieser gottergebenen, lieben Frau mit ihrem gesunden Menschenverstand und der Warmherzigkeit müssen meine Ideen und Spekulationen wohl damals schon reichlich verstiegen vorgekommen sein. Sie war einfach nicht präpariert, mir auf diese nie nachlassenden Fragen: »Woher kommen wir, wohin gehen wir, und warum kommen wir überhaupt auf die Welt?« eine erschöpfende Auskunft zu geben.

Sicher ist es für meine Entwicklung nicht ohne Bedeutung, daß mein Vater eigentlich unbedingt einen Sohn haben wollte. Aber ich war nun eben ein Mädchen. Er, der – aller Ideale beraubt – gebrochen aus dem Krieg und dem Gefangenenlager zurückkam, hatte wohl auch deshalb ein etwas gestörtes Verhältnis zu mir. Nichtsdestotrotz ging er mit mir auf die Wiese und trainierte mich für den nächsten Leichtathletik-Wettkampf in der Schule. Werfen, Laufen – meine schwächste Disziplin – und Weitsprung konnte ich unter seiner Anleitung üben. Da ich viel Energie und sportliches Talent besaß, machte mir das großen Spaß. Und es gelang mir auch, einige Auszeichnungen zu erkämpfen.

Mit ihm konnte ich mich freilich über philosophische Fragen des Lebens noch weniger unterhalten als mit Mutter. Obwohl er sicherlich der intelligentere von beiden ist, fand er es überflüssig, mir auf mein lästiges Bohren wie etwa: »Warum bin ich eigentlich als Mädchen und nicht als Junge auf die Welt gekommen?« zu antworten. So gesehen war ich natürlich schon ein Problemkind, weil ich im Laufe meiner Entwicklung viel zu viele Dinge ansprach und hinter die Welträtsel schauen wollte, wogegen meine Eltern nie das Bedürfnis hatten, diese Schleier zu lüften.

Das muß wohl auch in etwa die Zeit gewesen sein, in der mich immer wieder ein Traum, der geradezu zum Alptraum wurde, heimsuchte: Ich laufe allein und total verlassen, inmitten endloser grauer, furchterregender Bahngleise die Schienen entlang. Ich gehe und gehe. Fange dann an zu rennen, weil ich voller Entsetzen merke, daß ein Zug näher kommt und auch schon bald dicht hinter mir ist. Und während ich renne und keuche, fährt er immer hinter mir her, kommt dabei aber doch nie nahe genug, um mich tatsächlich zu überfahren. Bis ich endlich wie gerädert aufwache und erleichtert feststelle: Es war ja nur ein Traum! Man braucht bestimmt kein Traumexperte zu sein, um diesen typischen Wiederholungstraum dahingehend zu deuten, daß ich vor etwas Bedrohlichem, das mich einholen könnte, ungeahnte Ängste entwickelte.

Als ich sieben Jahre alt war, kam meine Schwester Jutta zur Welt. Wieder »nur« ein Mädchen. Aber Vater war entzückt. Er hatte überhaupt zu meiner Schwester von Anfang an ein sehr viel innigeres und unproblematischeres Verhältnis als zu mir, der Älteren. Sicherlich lag das auch an meiner Schwester. Ich war und blieb eine Kämpfernatur und bezog auch dementsprechend häufig Prügel oder eine Ohrfeige. Einfach weil ich nicht bereit war, mich widerspruchslos unterzuordnen. Und wenn ich dann heulend zu Mutter lief und fragte, warum ich dauernd Dresche bekam, meine Schwester dagegen nicht, war die Antwort meist: »Der Vati ist bloß so streng mit dir, weil er dich ganz besonders liebhat.« Nein, also das konnte ich damals nun wirklich nicht nachvollziehen, das überstieg meinen Horizont. Und Mutter litt natürlich sehr unter diesen Spannungen. Sie gestand mir – als ich längst erwachsen war – einmal, daß sie einen ganz anderen Mann geheiratet hatte als den, der kaputt und völlig verändert nach Jahren aus dem Krieg zurückgekommen war und dann, einigermaßen verbittert und resigniert, dieses strenge Regiment zu Hause führte.

Heute allerdings ist mir klar, daß mein Vater gar nicht anders konnte, als mich eben auf seine Weise zu lieben, und wirklich nur wollte, daß etwas Anständiges aus mir wurde. Und ebenfalls aus heutiger Sicht denke ich oft genug, wie gut es doch war, mit starker Hand erzogen worden zu sein. Im Gegenteil, es war eigentlich gar nicht streng genug. Aber meine Reaktion war damals – aus reiner Verständnislosigkeit – nur Trotz.

Allerdings kann ich dazu aus inzwischen gewonnener psychologischer Erkenntnis auch sagen, daß diese Methode für meine Natur eigentlich genau die falsche war. Und daß ich nicht, weil er sich so verhielt, meinen Weg – der mir ja längst vorgezeichnet war – einschlug. Sondern vielmehr durch all die Bewährungsproben und Schwierigkeiten die Stärke entwickelte, ihn zu gehen, allem partiellen Unverständnis zum Trotz. Wiederum: eine große Gnade und Grund für meine ewige Dankbarkeit. Es hängt auch das mit dem kosmologischen Prinzip zusammen, von dem wir allesamt abhängig sind – ob man dieses Gesetz der Ursachenwirkung nun anerkennen mag oder nicht.

Wir lebten damals im oberen Stock des Feuerwehrhauses, und es gehörte zu meinen Jugendsünden, daß es mir – trotz des väterlichen Verbots – unheimlichen Spaß machte, das steile Treppengeländer bis ins Erdgeschoß hinunterzurutschen. Wenn mich Mutter dabei erwischte, lief sie mir mit dem Kochlöffel nach. Aber Mami hatte ich im Griff. Ich flehte sie einfach inbrünstig an: »Bitte liebe gute Mutter, schlag mich nicht!« Das wirkte immer. Da mußte sie lachen. Und so manchen hölzernen Kochlöffel hat sie, weil ich wie ein Wiesel auswich, an irgendeiner Wand oder Tischkante zerschlagen. Aber es kam auch vor, daß ich die runden Kochlöffel-Abdrücke in allen Farben schillernd auf meinem Hinterteil wiederfand.

Ich war, wie ich mich leider sehr genau erinnere, auch ganz schön jähzornig. Ob das nun ein Schutzverhalten oder tatsächlich der Ausdruck eines schnell aufwallenden Gemüts war, kann ich heute nicht mehr sagen. Mein Gerechtigkeitsgefühl war jedenfalls damals dergestalt geprägt, daß ich mich eben manchmal mit einem Zornesausbruch gegen das Gefühl auflehnte, mir geschehe Unrecht.

Also leicht hatten es meine Eltern sicher nicht mit mir. Aber wo steht geschrieben, daß ein Kind, das ein eigenständiges Geschöpf ist, nicht schon seine Eigenarten ausdrücken darf? Daß es sich einzig nach den Erwartungen der Eltern zu verhalten und sich dabei vielleicht einzuschränken hat.

Im Alter von neun Jahren avancierte ich zur Anführerin einer Jungenbande. Einer der Buben, Helmut, ich erinnere mich genau, orakelte in breitem Bayerisch oft vielsagend: »Die Christel, das werdet ihr sehen, die wird bestimmt mal ein Star.« (In seinen Augen hat sich diese Prophezeiung sicher schon erfüllt.) Wir trieben allerlei Schabernack. Aber unser größtes Vergnügen bestand darin, in der Leichenhalle die Toten zu inspizieren. Da war zum Beispiel der Herr Sägewerksbesitzer. Gestern hatte ich ihn noch im Dorf gesehen. Und jetzt lag er tot und leblos da, und die Fliegen krochen ihm in die Nase. Endloser Diskussionsstoff, wo er denn wohl hingegangen sei, denn das da war er ja offensichtlich nicht mehr, das war uns allen klar. Wir freundeten uns mit dem Totengräber an. Und der gute Mann ließ sich tatsächlich einmal dazu überreden, in einem gerade offenen Familiengrab den obersten Sarg zu öffnen. Atemberaubend interessant! Die Verstorbene – ein 18jähriges Mädchen – hatte überlange, nach dem Tod anscheinend weitergewachsene Fingernägel und schwarze Haare bis zu den Knien. Weiterer, wochenlanger Gesprächsstoff für unsere kleine Forschergruppe.

Einmal wollte sich einer der Hausbewohner, ein Hühnerhalter, zu irgendeinem Feiertag mal wieder so ein armes Tierchen schlachten. Und erkor sich ausgerechnet mich dazu aus, dieses Opfer auf einem Holzklotz zu diesem Zweck festzuhalten.

»Komm Christel, stell dich nicht so an, das wirst du doch wohl können! So hältst du es fest, schau!« – er zeigte mir genau wie – »und ich hacke ihm dann mit dem Beil den Kopf ab.«

Gut, aus irgendeinem Grund hielt ich artig und folgsam das arme Huhn, das nicht mehr zitterte vor Angst als ich, an den Flügeln fest. Doch schon während das Beil niedersauste, ließ ich laut heulend das gemarterte Tier wieder los. Das jetzt, allerdings leider bereits ohne Kopf, wild flatternd mit letzter Kraft noch ein paarmal im Kreis herumlief, bevor es verendete. Ich verließ fluchtartig den grausigen Schauplatz. Dieses makabere Bild hat mich eine ganze Weile verfolgt. Der Vorfall scheint mir irgendwo symptomatisch für meine lange Zeit praktizierte Verhaltensweise: Einerseits höflich dem Nachbarn helfen zu wollen, andererseits aber das arme Huhn möglichst leben zu lassen. Erst durch die vedischen Schriften lernte ich endlich zu unterscheiden, was richtig und was falsch ist.

Mein unbändiger Hang, mich theatralisch auszudrücken, wurde von meinen Spielkameraden auch dahingehend mißbraucht, mich in einen Kinderwagen zu legen und als »Baby« stundenlang herumzufahren: Weil ich als einzige echt weinen konnte. Im Kindergarten, bei einstudierten Vorführungen, bekam ich zunächst immer nur kleinere Rollen, bis die Kindergärtnerin mein Talent wohl nicht mehr übersehen konnte und mich mit größeren Aufgaben betraute. Und wenn Mutter mich bat, doch mal bei ihr zu bleiben, weil sie so alleine sei den ganzen Tag, war meine kategorische Erwiderung: »Das geht nicht Mami, schau das mußt du doch verstehen, die warten doch alle auf mich, ich kann nicht zu Hause bleiben.«

Bei einem Spiel über den Wallfahrtsort Lourdes, das von einer Wanderbühne einmal aufgeführt wurde, durfte ich ein blindes Mädchen, das von der Wunderquelle geheilt wurde, darstellen. Von da an war ich bei den anderen im Dorf als Schauspielerin akzeptiert. Aber diese Rollenbesetzungen gingen natürlich auch hier nicht ohne kleine Machtkämpfe, mit kindlichen Intrigen, mit Weinen und Feilschen, wer nun wirklich was spielen durfte, vonstatten. Immerhin konnte mir aber die Rolle der Königstochter in dem Märchenspiel »König Drosselbart« später in der Volksschule letztlich niemand wegschnappen. Ich muß diese Prinzessin, die mit ihrem launischen Wesen sämtliche Freier an der Nase herumführte und der keiner recht war, ziemlich lebensecht verkörpert haben. Es wurde einer meiner Höhepunkte als darstellende Künstlerin. Aber, Spaß beiseite, ich hatte wirklich Glück und konnte immer wieder zeigen, was so in etwa in mir steckte. Und auch später, in den üblichen Klassiker-Schulaufführungen, machte mir niemand mehr die Hauptrollen streitig. Damals stand für mich bereits zweifelsfrei fest, daß ich niemals etwas anderes als Bühnendarstellerin werden würde. An Film und Fernsehen war allerdings freilich noch nicht zu denken. Und als mich eine Schulkameradin dazu anstiftete, mit ihr nach Baldham zu radeln, um dort an der Haustür des gerade bekannt gewordenen Filmstars Erica Beer zu läuten und ein Autogramm zu erbitten, schwante mir noch nicht im geringsten, daß ich kaum zehn Jahre später in die Rolle eines »Busenstars« gedrängt werden würde.

Für meine Eltern, die keine großen Sprünge machen konnten – Vater verdiente als Schreiner ja nicht übermäßig, auch wenn er viele Überstunden machte –, stand fest, daß ich eine Lehre machen sollte und dafür ein Abschluß der Volksschule ausreichend sei. Aber da gab es während der letzten Schuljahre in München einen Lehrer, der erkannt hatte, daß es bei mir noch einige ungenutzte Fähigkeiten gab, ebenso wie genügend Intelligenz für höheren Schulbesuch. Er sprach also mit meinen Eltern und, da mein Vater den Arbeitgeber wechselte und wir jetzt in der Bayerstraße in München wohnten, ging ich, aufgrund der Intervention meines geliebten Lehrers Rauscher, eine Weile in die »Städtische Mittelschule für Mädchen am Salvatorplatz«. Zur Mittleren Reife aber kam es dann doch nicht, da meine Eltern einen weiteren Schulbesuch nicht finanzieren wollten, wir für ein Stipendium aber nicht mittellos genug waren. Man verschaffte mir also eine Lehrstelle als Bürokaufmann bei einer Baubeschlägefirma, wo später dann auch mein Vater beschäftigt war.

Es gab für mich keinerlei Schwierigkeiten, diese Lehrzeit zu absolvieren. Ich hatte einfühlsame Vorgesetzte und habe in jeder Hinsicht viel gelernt. Aber an meinen eigentlichen Berufswünschen änderte das alles wenig. Ich kam damit lediglich der Forderung meiner Eltern nach, die auf dem Standpunkt standen: Lerne erst mal was Anständiges, dann kann dir nie was passieren; und das leuchtete mir sogar ein. Ich war ja letztlich eine vernünftige Person. Und auch, daß ich mir meine ungeraden Vorderzähne für die andere, künftige Karriere klammern ließ, gehörte zu den Schachzügen, mit denen ich mein Ziel zu ereichen versuchte.

Diese Zahnregulierung war in meinem damaligen Alter ziemlich schmerzhaft und kostete, trotz der glänzenden Konditionen und Ratenzahlungen, die der Zahnarzt mir gewährte, für meine Verhältnisse viel Geld. Aber ich hielt durch und schaffte es, trotz des kläglichen Lehrgeldes, das ich monatlich heimbrachte und von dem selbstverständlich auch meine Mutter »Haushaltsgeld« erhielt, keine Schulden zu machen. Das war überhaupt ein Motto, das ich ein Leben lang aus dem einzigen Grund aufrechthielt, mich finanziell nie von jemandem abhängig machen zu wollen. Und vielleicht auch deshalb, weil es als kleines Mädchen zu peinlich gewesen war, beim Einkaufen sagen zu müssen: »Bitte aufschreiben, die Mutti kommt es bezahlen.« Wobei mich dann die beschämte Erwiderung: »Sag deiner Mutti, sie soll mal wieder was bezahlen, ja ich kann bald nichts mehr aufschreiben« vor all den Leuten beschämte. Während der drei Lehrjahre als Bürokaufmann tat ich mich vor allem auf dem Sportplatz der Berufsschule mit guten Resultaten hervor. Und nach der Prüfung, die ich sogar mit einer Auszeichnung der Stadt München bestand, blieb ich zunächst, nun mit gutem Gehalt, als Buchhalterin noch in der Firma.

Zu jener Zeit, ich war gerade sechzehn, lernte ich meinen künftigen Ehemann Clemens kennen. Er war Schlagzeuger in der Band, die bei einem Kinderfasching im Deutschen Theater spielte. Wohin ich, widerwillig und maulend, meine kleine Schwester begleiten mußte. Er wollte sich mit mir verabreden. Also lud ich ihn kurzerhand zu uns nach Hause ein. So fing unsere langjährige Jugendliebe an.

Clemens, der ebenfalls Schauspieler-Ambitionen hatte und deshalb genau wußte, was vonnöten war, um eine Prüfung in einer der staatlichen Schauspielschulen zu bestehen, war sehr kooperativ und hilfsbereit. Er hatte herausgefunden, daß eine Ausbildung zur Schauspielerin mindestens ein Grundkapital von 10.000 Mark erforderte. Darüber unterhielt ich mich einmal mit der mir sehr geneigten Chefin unserer Firma, die sich sofort bereit erklärte, mir diese Summe vorzustrecken. Ich könnte sie ja, so ihr Vorschlag, sobald ich mit der Schauspielerei Geld verdiente, wieder ratenweise zurückzahlen. Aber mir schien damals dieser Betrag so hoch, daß ich das Angebot dankend ausschlug. »Ich müßte ja sonst«, war mein Argument, »mein ganzes Leben lang Schulden abzahlen!« Eine staatliche Schauspielschule fiel somit also flach.

Trotzdem studierte Clemens, unterstützt von seinem Freund Ulf, mit mir allerlei Rollen ein. Mein Fach war, so wurde entschieden, die »muntere Naive«. Ich paukte also das unvermeidliche Goethesche »Gretchen« ebenso wie etliche andere, wichtige Figuren dieses Fachs und bestand, gerade achtzehn geworden, letztendlich die Aufnahmeprüfung der privaten Schauspielschule »Zerboni«, wo Clemens und Ulf bereits studierten, ohne Schwierigkeiten.

Inzwischen war ich, da ich ja auf keinen Fall Schulden machen wollte, auf den Kompromiß gekommen, weiter für die Firma zu arbeiten, um mir so halbtags oder auch in Heimarbeit den benötigten Unterhalt und das Studium zu verdienen. Und irgendwie ging mir das dann auch alles ganz leicht von der Hand. Ich war so durchdrungen von der Aussicht, endlich den geliebten Beruf ergreifen zu können, daß mir kein Opfer zu groß schien. Und eigentlich bin ich noch heute froh darüber, mir diese Ausbildung selbst finanziert zu haben. Es war dies der erste Schritt zur Unabhängigkeit.

Nach einem Jahr Schauspielschule ging meine Lehrerin, Frau Professor Lily Ackermann, in Pension. Sie machte mir den verlockenden Vorschlag, mich bis zur fälligen Bühnenprüfung weiterhin privat zu unterrichten. Eine für mich äußerst praktische Regelung, weil ich ja nach wie vor intensiv für meinen Unterhalt nebst der inzwischen mit Clemens geteilten Wohnung aufzukommen hatte. Damals lernte ich, während ich weitere tägliche Sprachstudien betrieb (Specht Spatz Sperber sprangen Spornstreichs ... usw. usw.) und auch das Rezitieren von Versen und Prosa übte, durch einen Filmregisseur meine Agentin Ruth kennen. Sie ermöglichte es mir, zwischendurch immer mal wieder in der Agentur zu jobben. Ich lernte sehr viel bei ihr. Außerdem belegte ich noch einen Kurs zur Fotomodell- und Mannequin-Ausbildung bei Erika Weigt. Was mir dann auch prompt die ersten Fotoaufnahmen und andere Mannequinjobs einbrachte.

1965 meldete ich mich zur Bühnen-Reifeprüfung. Zu den Rollen, die ich damals, am 9.6.65 den Prüfern, deren Vorsitzender Volker von Collande war, vorsprach, gehörte auch die Rolle der »Gigi« aus dem Bühnenstück von Colette, das ja gar nicht so viel später als Musical für meinen Berufsweg so wichtig werden sollte.

Die bestandene Prüfung war dann eines der schönsten Geburtstagsgeschenke dieses Lebens für mich. Jetzt war ich mit Stempel und Siegel Schauspielerin!

Mein bereits kurz angedeuteter Umzug in die eigene Wohnung und damit in die völlige Eigenverantwortlichkeit, getrennt von der väterlichen Aufsicht, war sicherlich auch für meine Eltern eine willkommene Entscheidung. Denn obwohl mir Vater immer zu sagen pflegte: »Über den Kopf kannst du mir wachsen, über die Hand wächst du mir nicht!« war es für mich zwischenzeitlich doch in jeder Hinsicht zu eng im elterlichen Zuhause geworden. Wir beiden Kampfhähne, wie meine geplagte Mutter Vati und mich immer nannte, gerieten uns immer öfter und heftiger in die

Wolle. Und sie stand weinend dazwischen. Wenn es ihr gar zu bunt und laut wurde, kam sie schniefend ins Zimmer und drohte: »Also wenn ihr beiden jetzt nicht aufhört, dann ziehe ich aus, und das sofort!« Worauf Vater und ich uns verständnislos und erstaunt darüber ansahen, daß unsere »Unterhaltung« solchen Staub aufgewirbelt hatte.

Ich jobbte, arbeitete zum Beispiel als Mannequin oder Bedienung auf Messen und bekam auch bald von einer Wochenzeitschrift einen Vertrag als Titelmädchen. Was bedeutete, daß ich ein monatliches Salär zuzüglich Extra-Honorar für jedes gedruckte Pin-up-Titelfoto bezog. In den sechziger Jahren flog ich deswegen immer wieder nach Hamburg und machte Fotoreisen nach Gran Canaria oder in andere südliche Gefilde. Fotograf war der bekannte Star-Ablichter Lothar Winkler. Durch ihn habe ich sehr viel darüber gelernt, wirkungsvoll vor der Kamera zu posieren.

Bald aber kamen mehr und mehr Filmangebote mit größeren und kleineren (meist komischen) Rollen, in den für die damalige Zeit typischen (und heute durch das Privat-Fernsehen wieder populär gewordenen) Lustspielen.

Es gehört übrigens zu den Schlüsselerlebnissen meiner ersten Gehversuche als professionelle Schauspielerin, daß ich während dieser Dreharbeiten – wo sich das Team wochenlang irgendwo zu Außenaufnahmen in den Bergen oder am Meer aufhielt – meine prominenten Kollegen zu einer unfreiwilligen Gesprächstherapie benutzte. Um mir allen Ballast vom Geist zu wälzen und mich, erstmals fernab von daheim, mit allem ernsthaft auseinanderzusetzen. Sie waren dabei allesamt äußerst hilfreich und ließen so manchen dramatischen Vorfall, beispielsweise zwischen meinem Vater und mir in einem anderen Licht erscheinen. Wäre ich zu einem Psychoanalytiker gegangen, um mir all das in hochbezahlten Therapiestunden vom Gemüt zu reden, hätte der Erfolg kaum wirkungsvoller sein können. Denn irgendwann war diese Vater-Tochter-Beziehung auf einmal kein Problem mehr für mich.

Heute ist mir zudem bewußt, daß es sich hierbei zugleich natürlich auch um eine karmische Wirkung handelte, die mich so auf Kollisionskurs mit meinem Erzeuger gehen ließ. Der bekannte Münchner Astrologe Wolfgang Döbereiner findet in seinem *Astrologischen Lebensfahrplan* für den 12. Juni (an dem ich ja geboren bin) – völlig unabhängig vom Geburtsjahr – erstaunlich klarsichtige psychologische Hinweise über das Gesetz, nach dem anzutreten ich gezwungen war: »...Die frühe Kindheit leidet unter fehlender Harmonie der Eltern, und meist entwickelt sich für das Kind ein gestörtes, sorgenbelastetes Vaterverhältnis. Die spätere Verhaltensreaktion zeigt zweierlei: erstens soll das verletzte Vaterprinzip durch sich selbst – oder bei Frauen durch die Wahl des Ehepartners – wiederhergestellt werden durch die Adjektive des männlich- patriarchalischen als Leistungsmomente für den Vater. Zweitens kommt es zu einem Schutzverhalten, zur Zurückhaltung der persönlichen Gefühle, zur Einengung des Gefühlsverbrauchs...« Ich will hier nicht die gesamte Analyse zitieren. Nur auszugsweise das, was offensichtlich mit meiner Geburtssituation zusammenhängt und erstaunlich zutreffend ist.

Das »dämliche Karnickel, auf das alle bloß gewartet haben«, wie Vater mich zu titulieren pflegte, machte also nichtsdestotrotz ganz unmerklich und wie von selbst Film-Karriere. Clemens, inzwischen mein Verlobter, hatte gleich von Anfang an befunden: Christa Rücker (mein Taufname) klingt wie ein Hund ohne Schwanz! Es beleidigte sein musikalisches Ohr. »Du mußt Christiane heißen: Christiane Rücker, das hat Harmonie!« Also gebrauchte ich fortan selbstverständlich nur noch diesen Namen. Sehr zum Leidwesen meiner Eltern, die daraus traurig schlossen, mein richtiger Name sei mir nicht gut genug.

Aber auch mein Vater hatte ein Erlebnis, das sein Verhalten mir gegenüber merklich veränderte. Er akzeptierte mich und meinen unliebsamen Weg auf einmal, hatte anscheinend die Bestätigung dafür, daß es seine Große vielleicht doch schaffen würde: Und in Hamburg, wo sie auf der Durchfahrt einen Bummel machten, standen sie plötzlich vor einem Kino, wo in Riesenlettern mein Name nebst Konterfei prangte. Vater war platt. Und eine Weile sehr nachdenklich. Mami hat mir das viel später mal lachend erzählt.

Ich war wie gesagt sechzehn, als ich meinen späteren Mann kennenlernte. Und mit einundzwanzig heiratete ich ihn. Allerdings bereits gegen besseres Wissen. Das war wieder eine dieser merkwürdig gespaltenen Verhaltensweisen. Denn selbst meine Eltern waren zunächst gegen diese Heirat. Und erst als ich mich wieder scheiden lassen wollte, sagten sie: »Also jetzt hast du ihn schon mal geheiratet, nun steh auch dazu!« Nach unserer Eheschließung 1965, die kirchliche Trauung fand, äußerst romantisch, in der Bergkapelle auf dem Wendelstein – nach katholischem Ritual – statt, hatte ich eine plötzliche, tiefe Erkenntnis. Als ich nämlich kurz darauf während der Dreharbeiten in den Hohen Tauern früh morgens vor meinem Schminkspiegel saß, sprach ich spontan und völlig ungeniert mit meiner Maskenbildnerin Hedi darüber, welch großen Fehler ich mit dieser Eheschließung begangen hätte. Streifte kurzentschlossen den brandneuen Ehering vom Finger und bat die einigermaßen Verdatterte, sich ihn an ihre Halskette zu all dem anderen Sammelsurium zu hängen. Eine symbolische Handlung, die ja dann auch die Scheidung nach sich zog. Denn nach siebenjähriger Beziehung – davon drei Jahre Ehe – wurde ich wieder geschieden. Dazwischen lagen freilich noch einige schmerzliche Engpässe im Labyrinth meines an Hochs und Tiefs so reichen Künstlerlebens.

In den ersten Jahren meines Zusammenlebens mit Clemens reagierte ich aus heutiger Sicht ungefähr wie ein hypnotisiertes Kaninchen: Er wollte mich mit weißblonden Haaren, also färbte ich sie mir... Ich war aber gerne die geduldige Ehefrau, stets und unter allen Umständen dem Mann zu Diensten. Und ich wurde mit Statements konfrontiert wie: »Wenn du schwanger wirst, verlasse ich dich«, was ich natürlich prompt mit einer Fehlgeburt quittierte. Aber ein weit größeres Problem war für mich seine Unfähigkeit, mit Geld umzugehen.

»Du weißt, was du tust«, hatte meine allerliebste, herzensgute Schwiegermama mich kurz vor der Eheschließung noch einmal ins Gebet genommen. »Du weißt, wen du heiratest!«

»Aber ja«, hatte ich, überlegen und altklug, geantwortet. »Weißt du Mutti, wenn er mit Liebe geführt wird, ändert er sich schon mit der Zeit.«

An diesem verhängnisvollen Irrtum scheitern sicherlich die meisten Ehen. Es machte mir sogar noch nicht mal was aus, daß er zu Gruppensex-Parties ging, das war ja damals, Kolle sei's gedankt, absolut »in«. Denn er akzeptierte ja auch, daß ich dabei nie und nimmer mitmachen würde. Ich glaube, die Tragweite seines Handelns drang damals überhaupt nicht in mein Bewußtsein ein, ich konnte es schlichtweg gar nicht nachvollziehen. Dem Faß den Boden ausgeschlagen hat dann damals schon ein weit geringfügigerer Zwischenfall, der allerdings durch seine allgemeine Bedeutung für mich der Anlaß zur Trennung wurde: Seiner Schulden wegen, die trotz beiderseitigen Geldverdienens nicht weniger wurden, jobbte ich mal wieder zusätzlich nebenher in der Agentur. Und Clemens, der ja nur nachts als Schlagzeuger arbeitete, die Schauspielerei hatte er inzwischen an den Nagel gehängt, holte mich wie üblich ab. Etwas aufgestachelt durch ein kurz zuvor geführtes Gespräch mit Ruth fragte ich ihn geradeheraus: »Sag mal, du könntest doch, statt tagsüber in der Sonne zu liegen, zum Beispiel mal auf dem Großmarkt aushelfen gehen. Kräftig genug gebaut dazu bist du ja, dank des konsequenten Body-building!«

»Geh, Schnuffilein«, meinte er nachsichtig lächelnd, »das kann ich doch nicht. Da könnte mich doch jemand sehen!« Ich fiel fast die Treppe runter. Und hatte einen Nervenzusammenbruch. Und damit war's dann auch für mich zu Ende. Allerdings keinesfalls so sang- und klang-, geschweige denn problemlos, wie ich es hier schildere. Auch habe ich mich Jahre danach noch gefragt, ob ich nicht vielleicht doch einen Fehler gemacht hatte. Und machte mir Vorwürfe.

Wahrscheinlich war es ja richtig, wenn er – lachend meinen

»Idealisten-Verstand« kritisierend – meinte: »Du schläfst auf Schokoladenplätzchen und deckst dich mit Nüssen zu!« Aber sein Hang, immer über die Verhältnisse zu leben, bescherte uns, besonders mir, viele Probleme und Reibereien. Meine reelle Art, dieses Leben zu bewältigen, stand in krassem Gegensatz zu seiner Auffassung. Aber ich saß nun eben mal lieber auf einem Fahrrad, mit dem stolzen Bewußtsein, es ist bezahlt, als auf Pump in einem Riesenschlitten. Jedenfalls war die Scheidung unabwendbar. Und 1968, in dem Jahr, in dem es überall im Lande gärte, wurde ich rechtskräftig geschieden. Und zwar genau am 16.9.

Heute kommt mir das alles vor, als wäre es einer ganz anderen Person passiert. Aber irgendwie muß ja auch das wohl mit meinen astrologischen Konstellationen in Zusammenhang stehen. Denn die diversen horoskopischen Auslegungen sind sich allesamt darüber einig, daß ich nach meinem 35. Lebensjahr »großen umwälzenden Wandlungen ausgesetzt sein würde, die mein inneres Wesen sprengen und mir einen neuen Weg zur Einsicht und zu geistigen Erkenntnissen freimachen würden«.

Die Münchener Kosmobiologin Dr. Theresia Gruber, die ich, kurz bevor ich mit diesen Aufzeichnungen begann, in Nymphenburg aufsuchte, um mir selbst noch ein wenig Klarheit über meinen so widerspruchsvollen Zickzack-Kurs innerhalb dieser Lebenszeit zu verschaffen, erklärte mir das so: ... Von meiner tieferen Wesenslage her sei ich ein sehr bewußt lebender Mensch, was durch den Aszendenten, von Merkur und Sonne geprägt, zum Ausdruck käme. Das mit kosmischen Energien besetzte 12. Haus des Innenraums verberge den seelischen Gehalt, der mit der Klärung und Durchlichtung meines Wesens zusammenhinge. Für mich würde sich das insofern äußern, als die externen Lebensaufgaben erst allmählich von meinem außerordentlichen Gefühlsreichtum eingeholt würden. Es drücke sich in anderen Konstellationen, in die auch noch Uranus und Venus hineinschwingen, ein innerer Reichtum aus, der die ganze Welt umarmen wolle. Der zu bewältigende, innere Wandel zeige sich auch darin, daß ein inneres Muß bestünde, das »Leiden an der Welt« für mich selbst erträglicher zu machen. Durch den Neptun im 5. Haus (das ja bekanntlich das Liebeshaus ist – so wurde mir erklärt –) wird im 2. Quadranten des Horoskops das neue Karma symbolisiert, das sich ein Mensch schaffen kann, indem er sich von Verhaltensweisen distanziert, welche für die eigene Physis ungeeignet sind. Einem Zug ins Selbstzerstörerische und zu unzuträglichen Aktivitäten soll Einhalt geboten werden.

Ferner sagte sie in ihren Aufzeichnungen, die sie mir freundlicherweise überließ, damit ich bei der Durchführung meiner bisherigen Lebensgeschichte auch den Bewirkungsaspekt der Sterne gebührend berücksichtigen könne, noch folgendes: »...Schon als Kind besaßen Sie einen besonderen Tiefsinn. Ihre Neigung zur Kunst drückt sich innerhalb ihrer Konstellation in der Verbindung Sonne-Merkur im Schnittpunkt von Venus-Uranus und im Sextil zu Mars aus. Für Sie ist Ihre Seele Kunst und Bewegung dafür Ausdruck. In dieser Anlage drückt sich die berufene und begnadete Künstlerin aus, die aus der Ganzheit lebt und mit Herz, Verstand, Leib und Seele schaffen muß. In der Hinwendung zum totalen Sein. Um sich mit der Vielheit der Welt arrangieren zu können, zeigt sich das innere Muß zur Wandlung dergestalt, daß immer wieder die Tür zu diesem totalen Sein geöffnet werden kann, weil von daher die Kraft zufließt, um auch mit der Vielheit der Außenwelt zurecht zu kommen...«

Mit dieser, von einer Fachfrau erarbeiteten astrologischen Deutung will ich lediglich ein paar Erklärungen über meine Persönlichkeit aus einer objektiven Sicht miteinfließen lassen. Zumindest für diejenigen unter Ihnen, die davon etwas verstehen. Ich muß nämlich gestehen, für mich ist das alles nach wie vor zwar erstaunlich, aber es sind eben doch »böhmische Dörfer«. Und auch so mancher meiner Beweggründe, warum ich mich in einer Situation so und in einer anderen wieder völlig entgegengesetzt verhalte, wird mir oft erst im nachhinein verständlich. So gesehen ist Astrologie, wenn sie nicht marktschreierisch betrieben wird, sondern von einem verantwortungsvollen seriösen

Astrologen, individuell und auf den jeweiligen Klienten hin ausgerichtet bleibt, eine äußerst sinnvolle Lebenshilfe. Nicht zuletzt auch, um die eigenen Möglichkeiten und Grenzen besser nutzen und erkennen zu lernen.

Wenn man sich im Laufe seiner Entwicklung mit persönlicher Vergangenheitsbewältigung befaßt und nach einem vedantisch ausgerichteten Weltbild lebt, in dem Karma (als Ursachenwirkung der Lehre von der Wiedergeburt) eine allesumfassende Rolle spielt, kann man nicht umhin zu hinterfragen: Weshalb ist mir eigentlich in der jetzigen Existenz gerade das, und zwar genau zu jenem bestimmten Zeitpunkt widerfahren? Hier spielt das »Täter-Opfer-Syndrom«, dem alle Menschen im Laufe vieler »Inkarnationen« immer wieder ausgesetzt waren, eine nicht zu unterschätzende Rolle.

Ich kann nur hoffen, daß ich im Laufe der nächsten Zeit auch über diese alten ursächlichen Zusammenhänge einiges mehr erfahre. Denn ich hatte das Glück, mit zwei Düsseldorfer Heilerinnen, Helmi und Gabi, die sich auch mit Rückführungstherapie – sehr verantwortungsbewußt und psychologisch geschult – beschäftigen, Freundschaft zu schließen.

Sie haben bereits einige Erinnerungen über vorangegangene Leben in mir abgerufen. Und immer wenn sich während meines Berufslebens Zeit findet und ich in der Nähe von Düsseldorf bin, treffen wir uns, um meine früheren Leben durchzuarbeiten. Nicht etwa aus Neugierde, das wäre ein schlechter Beweggrund. Vielmehr, um mir über meine eigenen Reaktionen ebenso wie über manches Fehlverhalten aus traumatischen Gründen bewußt zu werden und all die noch unerlösten Atavismen allmählich aufzulösen. Und nicht zuletzt auch, um meine eigene Medialität, neben der täglichen Meditation, weiterzuentwickeln, um damit ebenfalls anderen helfen zu können. Was schließlich meine Aufgabe sei, wie Helmi und Gabi meinen. Ich werde auch über diesen Erfahrensbereich und die dabei durchlebten Visionen und zurückgeholten Empfindungen später mehr berichten.

Mein Traumerleben war in meinen Jugendjahren ziemlich bewegt. Zum Beispiel führte mich ein ständig wiederkehrender Traum durch endlos lange, unterirdische Gänge, die mir aber vertraut waren. Während ich diese langgezogenen, bis zur Decke hell gekachelten Gänge durchschritt, empfand ich voll Schaudern die gruselige Atmosphäre dieser leichenhallenähnlichen Räumlichkeiten. Denn es lagen dort in der Tat haufenweise Leichen und Leichenteile, übereinandergestapelt, herum. Bisher habe ich noch nicht erfahren, warum oder wozu ich mich nächtens in diesen makaberen Hallen aufhalten mußte. Ich wußte im Traum nur, daß ich »einen Auftrag« und dort »zu tun« hatte.

Manchmal tauchte eine andere Variante dieses Traumes auf. Dann führte mich mein nächtlicher Weg durch ein riesiges Zelt, in dem Betrunkene in ekelerregendem, jämmerlichem Zustand zur Ausnüchterung untergebracht waren. Hier hatte ich zwar nichts »zu tun«, muße aber aus einem unerfindlichen Grund mitten durch diese übelriechenden, geräuschvollen Menschenhaufen gehen, um irgendwohin zu kommen. Und litt Höllenqualen vor allem deshalb, weil ich vor Betrunkenen generell eine panische Angst hatte und normalerweise sofort die Flucht ergriff.

Diese sich über Jahre hinziehenden Wiederholungsträume wurden erst unlängst von einer guten Bekannten – die sich mit der Deutung von Astralträumen auszukennen glaubt – dahingehend interpretiert, daß ich tatsächlich mit jenem Teil meines Wesens, der aus dem Körper nachts austreten kann, eine Aufgabe in der niederen Astralwelt, also in der jenseitigen purgatorischen Ebene, zu erledigen gehabt hätte. Daß ich dort einen Dienst versah und nur einen Teil dieses Dienstes in die Erinnerung meines späteren Wachbewußtseins hinübernehmen konnte. Der andere Teil mir dagegen wieder aus dem Gedächtnis gelöscht worden wäre. Eine Erklärung, die natürlich aus dem Gedächtnis gelöscht worden wäre. Eine Erklärung, die natürlich rein spekulativ-okkulter Natur ist. Sie ergibt für mich allerdings einen gewissen Sinn. Zumal ich mich auch in meinen Inkorporationserfahrungen schon andere Aufgaben ausführen sah. (Bei den bisher durchgeführten Rückführungen in vergangene Existenzen, während meiner Zwischenaufenthalte vor einer neuerlichen Einverleibung in ein irdisches Menschendasein). Insofern mag diese Interpretation meiner wiederkehrenden Jugendträume gar nicht so abwegig sein.

4

Religion ohne Philosophie ist
Sentimentalität,
und Philosophie ohne Religion
ist mentale Spekulation.
A.C. Bhaktivedanta Swami Prabhupada

Der äußere und der innere Weg...

Als mich die Presseberaterin meines Verlegers Peter Erd vor einiger Zeit während eines Telefonates fragte, ob ich nicht Lust hätte, meine Biographie zu schreiben, antwortete ich zunächst – wie immer, wenn das Gespräch auf dieses Thema kam – ausweichend. Denn alles, was ich auf keinen Fall gedruckt sehen wollte, war meine Vergangenheit, meine »Memoiren«. Bis dato lagen mir außerdem noch viel zu viele andere Dinge am Herzen, die ich für weit wichtiger hielt. Im Laufe unserer Unterhaltung kristallisierte sich aber nach und nach eine Form heraus, in deren Rahmen es mir plötzlich erstrebenswert schien, anhand meines Lebensablaufs Zusammenhänge aufzuzeigen. Um durch diese Erfahrungen, geistigen Veränderungen und Verwirklichungen einem interessierten Leser mein esoterisch-ethisches Anliegen nahezubringen. Denn auf keinen Fall wollte ich die »Aufzeichnungen einer Prominenten«, von ihrer Kindheit, dem beruflichen Aufstieg, den Widerständen ihrer Karriere und den nachfolgenden Erfolgen und so fort, verbrämt mit vielen lustigen oder bezeichnenden Anekdoten beliebter Kollegen. Und womöglich aller Liebhaber.

Freilich mußte allerdings auch in diesem (meinem ersten)

Buch einiges von meinem öffentlichen Dasein mit einfließen. Als unvermeidliche Rahmenhandlung sozusagen. Das war unumgänglich. Aber eigentlich wollte ich von den Stationen meines Weges mit den Widerspiegelungen und Entsprechungen einer innerdynamischen Entwicklung auf dem Weg zurück zu Gott berichten. Kein leichtes Unterfangen, wie ich rasch merkte. Denn ich wurde bei diesen Schilderungen doch gezwungen, mehr von mir preiszugeben, als mir eigentlich lieb ist, um zu versuchen, dieses Schattenboxen mit den vorhandenen Lebensbedingungen und Barrieren, die es dabei zu überwinden gilt, so aufrichtig wie möglich darzustellen. Diesen schwierigen Pfad durch Nebel zum Licht, den jeder auf seine Weise gehen muß, als eine Art Selbstdarstellung vor anderen auszubreiten verlangt zugleich auch einen gewissen Abstand zu sich selbst. Außerdem denke ich, daß die Beschreibung eines so extremen Lebensweges, wie es der meine zu sein scheint, auch etwas Gleichnishaftes beinhalten sollte, um dem Leser gewisse Aha-Erlebnisse zu ermöglichen. Worin er die psychologischen Beweggründe, die ich versuche zu analysieren und zu hinterfragen, durch sein eigenes Bewußtsein filtern kann, was ihm vielleicht den einen oder anderen Denkanstoß vermittelt.

Mein eigener Stolperpfad sollte das Thema dieses Erlebnisberichtes sein, den ich ganz intuitiv *Schattenspiele zum Licht* nennen wollte, um dabei das Licht, das auch schon andere berühmte Autorinnen innerhalb ihrer Buchtitel für sich in Anspruch nahmen, in ein polares Gegenlicht zu bringen. Weil ich ja notgedrungen hindurch mußte. Wobei ich hoffe, daß es mir gelingt, zumindest leitmotivisch den inneren Antrieb meines äußeren Weges – als menschliches Individuum, das sich in einer Massengesellschaft bewegt – aus seinem eigenen Erkenntnisradius heraus in einen tieferen philosophischen Bezug zu bringen.

Es ist nicht meine Aufgabe, die Mängel dieser Gesellschaft unserer derzeitigen Endzeit-Phase, kurz vor der Jahrtausendwende, anzuprangern. Die Rechnung für ihr fortdauerndes Fehlverhalten wird ihr ohnehin täglich nur allzu kraß offeriert. Und die

Menschen spüren es – und sei es nur unterschwellig –, in welch unglaublicher Gefahr sie sich befinden. Und wenn selbst gottlos gewordene Menschen begreifen, daß dieses Leben als eine immerwährende »Bewußtseinsprobe zum Überleben« aufzufassen ist und sie ihr ökologisches Gefühl für die Umwelt mit sozialem Engagement verantwortungsvoller gestalten wollen, so wird dies leider trotz all der vielen Einzelaktionen und Bürgerinitiativen, trotz Demonstrationen aufgewühlter, verängstigter Menschen, das Unheil, das sich als Läuterungsprozeß dieser Endzeit und als Massenkarma dieser Welt anbahnt, nicht mehr abwenden können. Ich plädiere deshalb aus meiner Sicht weit mehr dafür, daß jeder einzelne sein vorhandenes spirituell-göttliches Bewußtsein wieder entwickeln und seinen Weg der Selbstfindung ohne Egotrip und Selbstgefälligkeit beschreiten sollte. Und indem er sich so bemüht, zu seinem Höheren Selbst und zu Gott zurückzufinden, den unausweichlichen Nöten und Gefährdungen dieser vorapokalyptischen Zeit mit Seelenstärke und gefestigter Gelassenheit zu begegnen.

Wir alle sind, ob wir es wollen oder nicht, in das große kosmische Spiel von Diesseits und Jenseits, von Mikro- und Makrokosmos involviert. Und ob wir aus altem Wissen oder sogenannten neuen spirituellen Erkenntnissen das Allgewaltige dieses urweltlichen Geschehens anerkennen oder uns nur mit gewissen Teilwahrheiten zufriedengeben – je harmonischer wir uns in diese übergeordneten Regeln einschwingen können, desto weniger sind wir in unserer unsterblichen Existenz gefährdet. Wieder eigentlich nichts anderes als die Christusworte am Kreuz: »Herr, Dein Wille geschehe!«

Was immer meine persönliche Entwicklung hemmte oder förderte, hatte einen höheren pädagogischen Sinn, der mich ein Stück weiterbrachte. Und anderen Menschen, die immer wieder an ihre eigenen Grenzen stoßen, geht es dabei ja nicht anders. Auch hier gilt diese Grundeinstellung, die jedes religiöse Weltbild als Lebensthese durchzieht: die Anerkennung Gottes als Höchsten Kontrollierenden. Womit zugleich ausgedrückt wird, daß herrschsüchtige Willensimpulse, die einen selbstherrlichen Menschen ins Aus treiben, ihm andererseits auch jene Grenzen seiner prädestinierten, gottgewollten karmischen Möglichkeiten aufzeigen; damit er durch Leiderfahrung und negatives Erleben alle für ihn vorgesehenen, notwendigen Lektionen lernt.

Wer glaubt, die Schatten, die in der materiellen Welt existieren, völlig negieren zu können, nach dem Motto, »daß nicht sein kann, was nicht sein darf«, wird schon sehr bald wieder in enge Berührung mit ihnen kommen. Der realistischere Weg für mich ist deshalb, das negative Prinzip als existent in dieser Welt anzuerkennen sowie die persönlichen Schatten anzunehmen, um sie – transformierend – in einem Läuterungsweg allmählich ganz zu überwinden. Das ist ein esoterisches Prinzip der vedischen Schriften. Und auch die Antroposophen, der Buddhismus und Hinduismus verzichten nicht auf diesen religiösen Spiralenweg einer geistigen Höherentwicklung. Und selbst Shri Krishna persönlich hat das Dunkle immer wieder – unter anderem in der Form des Königs Kamsa von Mathura – bekämpft und letztlich besiegt. Vor nunmehr fünftausend Jahren.

Vielleicht sollte ich an dieser Stelle doch noch ein paar mir wichtig scheinende Gedankengänge, die mit meinem Credo und meinen spirituellen Einsichten zu tun haben, darlegen: Der Mensch – als die Krone der Schöpfung – ist ein aus vielfachen Wesensteilen zusammengesetztes Individuum und hat als Kern einen göttlichen Seelenanteil, der unsterblich ist, ewig unwandel- und unvernichtbar. Und der in einer Kette von irdischen Leben, Tod, Jenseitsaufenthalten, Leben auf höheren Planetensystemen und irdischer Wiedergeburt, seine allmähliche Vervollkommnung mit einer inneren evolutionären Kraft vorantreibt. (Ich bitte den Interessierten hierzu, in der *Bhagavadgitā, Wie Sie Ist*, 2. Kapitel, nachzulesen.) Deshalb trägt das Prinzip der Reinkarnation innerhalb vieler Leben dazu bei, diesen Keim zur Reifung und Vollendung zum Höheren Selbst und zu Gott hin zu entwickeln.

Das Ziel jedes einzelnen, so will es das kosmische Gesetz (und dieser Glaubensinhalt ist in allen Religionen verankert), muß es sein, die tierische Natur in sich völlig zu überwinden und allmählich, durch ein reines, geläutertes Dasein, zum wahren Menschen, also einem Diener Gottes, zu werden. So wie uns dies viele Heilige aus verschiedenen Epochen immer wieder vorgelebt haben. Um dieses hohe Ziel zu erreichen, bedarf es vieler Leben. Und gemäß dieser These der Reinkarnation oder Seelenwanderung ist das Leben für jeden einzelnen von uns eine Schule, die wie eine Leiter aus vielen Stufen besteht. Liebesfähigkeit und die Bereitschaft zu dienen sowie das Überwinden von Verhaftungen und Abhängigkeiten, tragen zur Reifung bei. Und damit zum wachsenden Erkennen, daß Gott in allen Dingen, in uns und außerhalb von uns, die wahre Realität ist.

Auch im Neuen Testament gibt es einige Aussprüche von Christus, aus denen klar hervorgeht, daß für ihn die wiederholten Erdenleben etwas Selbtverständliches sind. Anhängern des Reinkarnationsgedankens sind diese Stellen wohl bekannt. Und es ist ja historisch festgehalten, daß erst im Jahre 553 n. Chr. diese Bibelpassagen aus der christlichen Glaubenslehre mit einem Bannstrahl belegt wurden (und zwar unter Kaiser Justinian, der die Abwesenheit des Papstes Virgilius beim Konzil von Konstantinopel dazu benutzte, der Lehre, die Christus einst gepredigt hatte, so schweren Schaden zuzufügen.).

Hat ein menschliches Wesen im Laufe seiner seelischen Evolution einmal den Pfad des Gottgeweihten erreicht, so hat es durch ein vorbildlich geführtes Leben und seine Geisteshaltung zugleich die Aufgabe übernommen – im Rahmen des allgültigen Gesetzes – das negative Karma der Welt zu mildern. Und hierin sind sich wiederum alle spirituell-religiösen Bewegungen wie die Sufis, die Yoga-Bewegungen und die Zen-Anhänger – von den anderen östlichen Religionen ganz zu schweigen – einig.

So ein Mensch ist heute dazu aufgerufen, die entstandene Kluft zwischen dem hohen ethischen Anspruch und der herrschenden niedermateriellen Geisteshaltung vieler Zeitgenossen zu überbrücken. Die Phänomene dieser bewegenden Zeit, in der wir leben, zeigen auch bereits schon deutlich Spuren einer Hinwendung zu den verlorengegangenen alten göttlichen Geheimnissen und zu einer ethisch fundierteren Weltanschauung mit moralisch-karmischer Sinngebung. Nicht weltfremde Dogmen und überholte Glaubenssätze werden von den Suchenden befolgt, sondern die eigene Gewissensentscheidung, die auch an ein altes Wissen aus bereits gelebten Daseinsformen anknüpft. Bei vielen Menschen herrscht die Bereitschaft, sich aus einem inneren Bedürfnis heraus seiner spirituellen inneren Natur zuzuwenden, um den Weg der Erlösung und Befreiung zu beschreiten. Denn nicht durch fromme Redensarten, sondern durch bewußtes moralisches Handeln bringt der einzelne seine geistigen Qualitäten voran.

Viele Eingeweihte, Seher und Erleuchtete waren und sind sich darin einig, daß es nur die Vergeistigung im Denken, Fühlen und Handeln sein kann, die einer würdigen Menschenrasse den Fortbestand auf diesem Planeten garantiert. Und dies wird es dann auch zwangsläufig mit sich bringen, daß der einzelne sich seiner höheren Natur überhaupt erst einmal richtig bewußt wird. Und danach wird es ihm zum Beispiel auch schlichtweg unmöglich sein, Fleisch zu essen oder Alkohol, Drogen und Tabak als abhängig machende Suchtmittel weiter ungeniert und zur eigenen Vergiftung zu konsumieren. Mit dieser allmählich zu lernenden Selbstdisziplin wird er dann im Laufe weiterer Leben für den eigenen Heilsweg vorbereitet werden. Und wenn er einmal an diesem geistigen Standort eines spirituell bewußt gelebten Daseins im Hier und Jetzt angelangt ist, gehört es auch zu den selbstverständlichsten Dingen der Welt, daß er sich zu der eingenommenen Geisteshaltung bekennt.

Deshalb ist auch die Aufgabe, dieses Buch zu schreiben, zugleich ein innerer Auftrag für mich, andere zu ermutigen, tiefer in sich hineinzuhorchen. Um bewußter nach der wahren Sinngebung des Lebens und Wirkens zu fragen. Es ist dieses Teilhaben an der tieferen Wirklichkeit der Welt, die getätigte Sinnesläuterung, das Loskommen von alten Schranken einer konventionell geprägten Welt, das schließlich zu Gottes- (oder Krishna-) Bewußtsein führt. Und diesen Vorgang meines eigenen »Erwachens« möchte ich mit den mir zur Verfügung stehenden Mitteln deutlich machen.

Natürlich versuche ich auch in meinem persönlichen Umfeld, in dem ich als Schauspielerin arbeite – sei es nun auf Bühnenproben oder während den darauffolgenden, meist dreimonatigen Gastspielen, ebenso wie bei Dreharbeiten – mit Verantwortungsbewußtsein und Einfühlungsvermögen einen positiven Einfluß in dieser Richtung auszuüben.

Es ist immer wieder ein erfreuliches Erlebnis, wenn es mir gelingt, dadurch und durch eine zusätzlich eingesetzte, liebevolle Schwingung das Zusammenleben und -arbeiten erträglicher, wenn nicht sogar angenehm zu machen. »Predigen« werde ich allerdings bewußt nur dann, wenn sich jemand aus irgendeinem Grund fragend an mich wendet. Eine Gesinnung, die in unserer übertechnologisierten, unpersönlichen Zeit des grassierenden Profit- und Konkurrenzdenkens mitunter sogar eine Art Widerstandshaltung voraussetzt. Denn für den auf weltlichen Erfolgskurs angewiesenen und programmierten Abendländer setzt es meist einen erstaunlichen Umdenkungsprozeß voraus, die Ursachen einer unspekulativen nicht-profitorientierten Handlungsweise nachzuvollziehen. Oft ist das wahre Motiv, warum jemand so oder so handelt, dermaßen im tieferen Wesenskern verschüttet, daß derjenige wie der Ochse vor dem Berg steht, wenn man versucht, ihm die einfachen, aber logischen Regeln karmischen Handelns zu erklären. So manche mentale Blockade muß gelegentlich bei diesem oder jenem überwunden werden, bevor er sich zu den harmonischen Prinzipien von Geben und Nehmen oder »Was du säst, das wirst du ernten« in der eigenen Nutzanwendung bereitfindet.

In diesem Zusammenhang will ich eine bereits angekündigte Episode erzählen, in der Harald Juhnke, der geniale Komödiant und Entertainer, der Hauptdarsteller ist: Frühjahr 1983. Mein erster Indienaufenthalt liegt gerade hinter mir. Die Eindrücke dieser Pilgerreise wirkten noch nachhaltig in meinem Bewußtsein, als ich mich mit dem zu dieser Zeit auf der absoluten Spitze seiner Publikumsbeliebtheit stehenden Harald in Düsseldorf zu den Proben für jenen, ebenfalls bereits erwähnten, Boulevard-Knüller »Die Eule und das Kätzchen« traf. Damals versuchte ich zwar auch, meine neue Lebensmaxime des positiven Denkens in die Tat umzusetzen, aber leider war hier der Erfolg letztlich zweifelhaft.

Etwa zwanzig Abende lang sollten wir in verschiedenen Städten des deutschsprachigen Raumes unser Stück allabendlich zur Aufführung bringen. Und die erste Zeit ging auch alles ganz gut. Harald, den ich, wenn er nüchtern ist, als Kollegen seines umwerfenden Charmes, und als Mensch seiner Lebensklugheit wegen sehr mag und schätze, interessierte sich zeitweilig sogar sehr aufmerksam für meine inzwischen irgendwie bekanntgewordene religiös-motivierte, spirituelle Lebensweise. Er fragte dies und das und war, wie er glaubhaft versicherte, von meiner konsequenten Haltung fasziniert. »Du bist so gradlinig und klar in allem, was du tust. Und so sauber!« konstatierte er oft, besonders morgens, mit Leichenbittermine. Und ich erklärte ihm, daß er ein sehr, sehr gutes Karma haben müsse, um trotz seiner wiederholten, im Zyklus auftretenden unmäßigen Trinkerei noch nicht in der Gosse gelandet zu sein, sondern statt dessen immer wieder beruflich verpflichtet würde. Für jeden anderen Kollegen hätten diese Eskapaden längst das sichere Ende der beruflichen Laufbahn bedeutet.

Es war für mich nachgerade verblüffend, daß ihm trotz des enormen Risikos, das eine gespaltene Persönlichkeit wie er – hier genialer Künstler, dort unzuverlässiger Patron, der urplötzlich alles im Stich läßt – für eine Produktion bedeutete, gewisse Fernsehgewaltige nicht davon abhielt, ihm immer wieder erneut eine Chance zu geben. Keine Frage, daß er zu den ganz großen des Theaters gehört und leicht hätte eine Weltkarriere machen können, wäre da eben nicht jener dunkle Punkt, der ihn seiner Selbstzerstörung durch unkontrollierten Alkoholmißbrauch unaufhaltsam näher bringt. Denn wenn er von dieser Sucht befallen ist, scheint er völlig willenlos zu werden. Und gleichzeitig jedem gutgemeinten Bemühen seiner Umwelt gegenüber taub. Sein Verhalten und der Cäsarenwahn, den er dann in grandioser Allüre auslebt, kommt einem epileptischen Anfall oder einer Besessenheit gleich. Und es gehört wohl auch zum pathologischen Bild dieser Krankheit, daß er, hat er erst einmal angefangen zu trinken, eine ganze Weile einfach nicht wieder damit aufhören kann.

Jedenfalls konnte ich ihn immer nur liebhaben, wenn er morgens, ausgeschlafen, rosig und gutgelaunt vom Frühstückstisch aufstand und posaunte: »Es is so prima, det du nüscht trinkst. So kann ick, imma wenn ick einjeladen werde, sagen: Nee, die Rükker, die kommt nich mit. Und deshalb komm ick ooch nich. So bin ick sicher. Det is jut, du. Du bist jut für mich!«

So weit, so gut, bis etwa eine Woche vor Tour-Ende, in Oberstdorf. Dort, nach der Vorstellung, wollte er mich unbedingt noch zu einem Barbesuch mitnehmen, um Horst Jankowski, den bekannten Musiker, zu treffen. Mir schwante noch nichts Übles. Außerdem hätte ich ihn ohnehin nie von dem unvernünftigen Vorhaben, sich diesem verhängnisvollen Test, den er nie bestehen konnte, auszusetzen, abhalten können. Also intervenierte ich erst gar nicht. Er klopfte an diesem Abend noch an meine Zimmertür, um mich zu überreden, doch noch runterzukommen. Und er kam auch in der Nacht noch ein weiteres Mal, um mich aufzuwecken, weil er mit seinem Kumpan noch weiterziehen wollte.

Jetzt schwante mir Übelstes. Und tatsächlich versackten die beiden auch derartig, daß Harald sich weigerte, am nächsten Morgen, noch nicht aus den Kleidern gekommen und schwankend, zum nächsten Vorstellungsort zu fahren. Das war wieder »Harald der Große« wie ich ihn immer scherzhaft nannte, der Unverbesserliche, der sich brüstete: »Was hab' ich es nötig, diesen Quatsch zu spielen! Sollen die Leute doch wieder nach Hause gehen! Wozu brauch' ich das!«

Für die Crew wie immer der reinste Terror. Und ich fand mich wieder einmal mit einem Menschen konfrontiert, der auf sanfte Redensarten, liebevollen Zuspruch und Vernunftappelle nur hohnlachend reagierte. Es waren immerhin im Süden des Landes noch einige bereits ausverkaufte Vorstellungen zu spielen. Und trotz meiner Standpauke, der angesprochenen Verantwortungslosigkeit den Kollegen und Veranstaltern sowie denen gegenüber, die ihre Eintrittskarten bereits gekauft hatten, schien das alte Motto »The Show must go on« für ihn nicht die geringste Bedeutung zu haben. Und nicht zuletzt war natürlich auch ich finanziell geschädigt. Denn die ausgefallenen Vorstellungen wurden ja nicht bezahlt. Wir wurden in keiner Weise abgegolten.

Aber all dies kümmerte Harald überhaupt nicht. Es kam zwischen ihm und mir zu einem echten Zerwürfnis, weil er mich für die Vorwürfe, die ich ihm machte, nachhaltig attackierte, was in seinem Ausspruch »mit dir arbeite ich nie wieder« gipfelte.

Hier übte nun das Negative von unsichtbarer Ebene mit geradezu diabolischer Gewalt einen so ausgesprochen schlechten Einfluß auf den ansonsten durchaus gutartigen Harald aus. Eine bittere und äußerst schmerzliche Erfahrung für mich. Ich war zutiefst getroffen. Auch weil ich merkte, daß ich ihm nicht helfen konnte. Daß dieser Anfall erst einmal wieder vorübergehen mußte. Das war eine meiner großen, ganz persönlichen Niederlagen. Anschließend kamen dann bei ihm wieder die Depressionen und das Getriebensein, was er in einer Schlafklinik auszugleichen versuchte. Ein Rettungsanker, der ihn auch nur kurz aus seinem Dilemma reißen konnte. Denn all die Medikamente, die da zum Schlafen eingegeben werden, sind ja nichts als giftige Chemie und helfen nicht, das Problem zu bewältigen, sondern legen es nur für gewisse Zeit auf Eis. Ein Teufelskreis, der wohl bis zum heutigen Tag immer so weitergeht. Ich fürchte, Harald gehört zu jenen gespaltenen Persönlichkeiten, wie es zuletzt auch Romy Schneider war und noch einige sind, denen in diesem Leben nur durch ein Wunder geholfen werden könnte.

Da ich nun wieder geradewegs hinter den Kulissen der Theater-Scheinwelt gelandet bin, will ich in diesem Zusammenhang gleich noch, wie ebenfalls angekündigt, ein wenig von meinen diesbezüglichen Anfängen erzählen: Selbstredend gab es in meinen ersten Berufsjahren auch ein paarmal jene typische Situation, von der man auf der Schauspielschule nichts gesagt bekommt, weil man sich ausschließlich mit den hehren Texten der klassischen Bühnenliteratur zu befassen hat. Dabei sollten gerade solche Begebenheiten, die eher dem Niveau des Tingel-Tangel entsprechen, in den Lehrplan aufgenommen werden. Als »Leitfaden für richtiges Verhalten einer Anfängerin« sozusagen. Denn hier ging es schlicht um die Gewissensfrage: Kann es sinnvoll sein, als junges aufstrebendes Starlet, das hauptsächlich wegen seines attraktiven Äußeren Filmrollen erhält, mit dem Produzenten oder Regisseur ins Bett zu gehen? Von Liebe, die sich bei solchen »Bäumchen-wechsel-dich-Spielen« vielleicht auch einstellen kann, einmal ganz abgesehen.

Seit 1965 war ich immer wieder in Filmrollen beschäftigt. Zu den bekanntesten Regisseuren, mit denen ich gearbeitet habe, zählen Rolf Olsen, Michael Pfleghar, Franz Antel, Rolf Thiele, Harald Reinl, Harald Vock und Franz Marischka. Nachdem ich mich von meinem ersten Entschluß, niemals Schulden zu machen, durch nichts hatte abbringen lassen, gab es auch noch einen weiteren, weitaus tiefgreifenderen Grundsatz: Mich nämlich niemals aus purer Spekulation oder Berechnung in irgendeine Affäre einzulassen. Und ich tat dies auch allen Männern, die offen oder versteckt mit derartigen Angeboten während meiner Karriere an mich herantraten, mit freundlichen Argumenten kund. Ich appellierte an ihr besseres Ich und verteidigte meine angebliche Prüderie zum Beispiel mit den Worten: »Dieser Beruf ist für mich so wichtig und integer, daß ich mich durch nichts korrumpieren lassen will.«

Heute, nach Kenntnis einiger vergangener Leben, weiß ich auch, warum ich dieses Tabu auf ein so hohes Podest stellte. Aber ab und zu mußte ich bei meinen Absagen auch etwas deutlicher werden und verhielt mich bestimmt sogar »berufsschädigend«, wenn ich gewissen Persönlichkeiten ins Gesicht sagen mußte: »Wenn ich mich prostituieren wollte, könnte ich jederzeit auf die Straße gehen und daraus einen Beruf machen.«

Es gab aus diesem Blickwinkel für mich wie gesagt nie einen echten Konflikt. Und ich fuhr obendrein gut damit. Denn einige Produzenten fanden meine Einstellung sogar bemerkenswert und holten mich gerade deshalb für weitere Rollen. Es gab wirklich die drolligsten Szenen, in denen der Versucher quasi hinter der Tür lauschte, ob es ihm vielleicht diesmal gelingen könnte, mich rumzukriegen und mich meinen seriösen Grundsätzen gegenüber untreu werden zu lassen.

Damit mein Bericht nicht zu abstrakt wird, will ich dazu gerne ein paar kleine Episoden zum besten geben: Da drehten die Amerikaner zum Beispiel in der Bavaria einen Hollywoodstreifen, weil das Drehen auf diesem Filmgelände damals gerade in Mode gekommen war. Wegen der niedrigeren Herstellungskosten. Ich spielte eine kleine Rolle und kam dabei mit dem aus »Ben Hur« bekannten, inzwischen auch verstorbenen Stephen Boyd in Berührung. Der sich gleich mit mir anfreundete. Mich zum Essen einlud und mich so kollegial-freundschaftlich behandelte, daß es meinem gelegentlich unterentwickelten Selbstwertgefühl enormen Aufschwung verlieh. Er war von meinem Typ dermaßen angetan, daß er mich unbedingt seinem großen Hollywoodboß vorstellen wollte.

Dieser machtvolle Producer war nun wirklich ein Filmmogul, wie er im Buche steht. Mit der unvermeidlichen Havannazigarre, einem etwas protzigen, selbstgerechten, autoritären Gehabe und von seiner Macht, die Puppen tanzen lassen zu können, ein wenig zu sehr überzeugt. Stephen stellte mich also im Bayerischen Hof, in der Hotelhalle, dem großen Tier vor. Ich hatte meine besten Fotos unter dem Arm und mich bewußt dezent zurechtgemacht. Ich sehe noch seinen taxierenden Blick und höre ihn mit dunkler Stimme konstatieren: »Yes, definitely!« Worauf er mir auch prompt einen guten Kontrakt versprach.

Aber dann, als Stephen uns beide alleingelassen hatte, stellte er seine Bedingung. Alles in Englisch, versteht sich. Siegessicher, aber nicht unsymphatisch, gab er mir zu verstehen, daß er mich auch privat, als sein »girlfriend« haben wollte. Er war sehr diplomatisch. Er sagte nicht etwa: »Du mußt auch gelegentlich mit mir ins Bett gehen.« Nein, er wollte mich als seine »Freundin« haben. Für mich ein Schlüsselerlebnis. Denn obgleich ich ja noch recht unerfahren und am Anfang meiner Laufbahn stand und natürlich auch ganz schön ehrgeizig war, lächelte ich ihm, so charmant es mir möglich war, ins Gesicht, nahm all meine Englischkenntnisse zusammen und verkündete, daß dies wirklich ein tolles Angebot sei und ich mich auch sehr geehrt fühle. Aber bitte, und das müsse er versuchen zu verstehen, ich könnte diese beiden Dinge nicht miteinander verquicken. Nicht daß ich dabei etwa innerlich hin und her gerissen gewesen wäre. Mitnichten. Ich genoß die Szene, ihm diesen Korb aus geistiger Unabhängigkeit geben zu können.

Zugleich aber war ich natürlich auch ein bißchen traurig, daß der Erfolg von solchen Situationen abhängig zu sein schien. Meine Agentin, der ich die Geschichte berichtete, war auch hier auf meiner Seite. Wenn auch, wie sie seufzend zugab »mit einem lachenden und einem weinenden Auge«. Ich verhielt mich so, wie sie es sich von ihren Schützlingen eigentlich wünschte. Aber so mancher hatte sich ganz anders entschieden. Einer davon wirkt heute zum Beispiel inzwischen in Rom als bekannter Pornostar. Es gab vielerlei Varianten dieser Szene, und mein Verhalten war kein einmaliges Ereignis. Und es hatte nicht das geringste damit zu tun, daß ich mich einmal, wie etwa auch Marylin Monroe oder Sofia Loren – um nur zwei zu nennen – »oben ohne« für die erste Deutsche Playboy-Ausgabe ablichten ließ. Hier war meine Entscheidung, nach Abwägen aller Für und Wider, für die Veröffentlichung dieses ästhetisch sehr schönen Fotos ausgefallen. Damals sah ich darin nichts Arges. Heute allerdings werde ich gelegentlich ungehalten, wenn manche dieser Bilder nach nunmehr zwanzig Jahren noch immer durch den deutschen Blätterwald geistern. Wobei die Medien sogar durch meine Rechtsanwältin belehrt wurden, daß nach dem Presserecht solche alten Fotos ohne Genehmigung nicht mehr verwendet werden dürften. Ohne sichtlichen Erfolg allerdings.

In unseren Breitengraden und vornehmlich in dieser Nachkriegs-Bundesrepublik werden beliebte Schauspieler, wenn sie einmal in einem bestimmten Fach ihren sogenannten Durchbruch hatten, zu gern ausschließlich in diese Richtung festgelegt. Viele meiner Kollegen und Kolleginnen können davon ein trauriges Liedchen singen. Mit anderen Worten, auch weil ich nun mal in Filmen wie »Der Arzt von St. Pauli« neben Curd Jürgens eine etwas verruchte Rolle verkörperte (ich spielte eine Party-Fotografin, die noble Gäste anhand ihrer Fotos erpressen ließ, am Filmende aber umkam) oder auch in Rolf Thiele's »Komm nur mein liebstes Vögelein« in den späten 60er Jahren mitwirkte, wurden mir jahrelang weiterhin mehr oder weniger solche Rollen angeboten. Die wir freilich bald – aus purem Schauspieler-Selbsterhaltungstrieb heraus – trotz höchster Gagenangebote ausschlugen.

Das war auch die Zeit, in der ich anfing, mich am Theater im Boulevardfach zu versuchen. Es war 1969, als mich Harry Meyen, der mich auf einem Filmball im Münchner Bayerischen Hof kennengelernt hatte, an die Komödie am Kudamm in Berlin holte. Das Stück hieß »Du weißt doch, ich versteh kein Wort, wenn das Badewasser läuft«. Das war ein schöner Sprung, der mir da auf Anhieb gelang. Ich hatte Glück. Oder, wie ich heute weiß, war die Ursachenwirkung guten Karmas dafür verantwortlich. Es hatte sich also doch gelohnt, auf ein paar miese Rollen zu verzichten und lieber weiterhin zur Stimmbildung zu meiner verehrten Lehrerin Professor Lily Ackermann zu gehen. Die mir im übrigen vorausgesagt hatte, daß ich es nicht leicht haben würde, mit oder trotz meines Talents – meines etwas rasanten Tpys wegen – seriöse Rollenangebote zu bekommen.

Als Harry Meyen damals auf dem Filmball mit mir tanzte, hätte uns seine damalige Frau Romy Schneider sicher wenig begeistert zugesehen. Aber sie war ja nicht dabei. Natürlich hatte ich keine Ahnung, daß er nicht nur »Ballgeflüster« säuselte, als er mir auf dem Parkett versicherte, er wolle mich für eine Rolle in Berlin haben. Er war ja damals zweifelsfrei die Nr. 1 der Boulevard-Szene. Er war zu dieser Zeit zwar bereits mit Romy verheiratet, lebte aber noch nicht mit ihr in Paris. Er war sehr charmant und weihte mich ein, er hätte vor, Tschechows »Kirschgarten« zu inszenieren, und wolle eine der weiblichen Rollen mit mir besetzen. Er schien wirklich Pläne mit mir zu haben. Und tatsächlich holte er mich ja auch bald darauf nach Berlin. Allerdings für ein ganz anderes Stück an einem anderen Haus.

Die Proben liefen sehr gut und für mich äußerst interessant. Ich saß immer im Zuschauerraum und beobachtete alles und jeden genau. Ich hatte auch keine Schwierigkeiten, die verschiedenen Rollen dieser drei Einakter unter seiner fachkundigen Anleitung zu spielen. Er war sehr liebenswürdig und schien mir irgendwie vertraut. Andererseits hatte ich aber Riesenrespekt vor ihm. Und selbstverständlich merkte ich überhaupt nicht, daß er sich auch für mich als Frau interessierte. Schließlich war er mit der weltberühmten schönen Romy verheiratet, die ich sehr bewunderte.

Georg Thomalla, unser Hauptdarsteller, mit dem ich später noch so manchen Filmspaß drehte, versicherte mir indes immer wieder, daß Meyen »unheimlich wild« auf mich sei. Ich konnte das einfach nicht glauben und ließ mich deshalb, um diese Behauptung ein für allemal zu beweisen oder ad absurdum zu führen, von ihm zu einem Abendessen und anschließend zu sich nach Hause einladen. Ausgerechnet diese Szenerie ist mir heute noch erstaunlich gegenwärtig, obwohl ich ähnliche Erlebnisse dieser Art fast gänzlich vergessen habe.

Jedenfalls konnte ich zunächst das persönliche Interesse an mir einfach nicht nachvollziehen und ging deshalb in seiner Wohnung mit dem buntkarierten Sofa in meiner naiven Neugier so weit, ihn zu veranlassen, mir tatsächlich allen Ernstes zu erklären, wie sehr er mich begehrte. Und daß er mit mir ein Verhältnis anfangen wolle. Das war wahrlich eine Situation wie bei

Goethes Zauberlehrling: »Die ich rief, die Geister werd ich nun nicht los!« Ich hatte es ja bewußt so weit kommen lassen. Aber eigentlich nur, um ihm unumwunden klarzumachen, daß so etwas für mich überhaupt nicht in Betracht käme. Weil ich nämlich Romy viel zu sehr schätzte usw. usw... Es war eine drehreife Filmszene. Ich fand die tollsten Argumente, warum ich mich nicht auf so was einlassen könne. Und er hörte auch geduldig zu. Zeigte auch nicht, wie erstaunt er über mein merkwürdiges Verhalten war. Denn wenn er sich insgeheim fragte: »Ja wieso ist sie dann überhaupt mit hierhergekommen?«,hatte er ja nicht unrecht.

Ich erzähle diese für mich wirklich nicht rühmliche Affäre auch nur, weil es da noch einen Aspekt hinter der Geschichte gibt, der mir aber erst vor kurzem offenbar wurde. Mein damaliges Verhalten jedenfalls war wirklich naiv. Um nicht zu sagen dämlich. Und Meyen ließ mich auch äußerlich unberührt an diesem Abend ziehen. Er blieb weiterhin liebenswürdig und höflich, aber mit unverkennbarer Distanz. »Siehste, er hat dich fallenlassen wie ein heiße Kartoffel«, kommentierte Thommy, mein hilfreicher Freund und Kollege, diesen Umschwung.

Ihm, Thomalla, verdanke ich es übrigens, daß ich mich nicht allzu dilettantisch in Szene setzte. Denn er spielte mit nie nachlassendem Enthusiasmus immer und immer wieder – drei Monate lang! – alle wichtigen Situationen mit mir durch. Er war einfach fabelhaft. Er, mit seiner im besten Sinne »Komiker-Routine« und der jahrzehntelangen Bühnenerfahrung, ließ nicht lokker, bis ich kapiert hatte, wie man einen Lacher »setzt«, nach einer Szene »abgeht« oder eine Pause »hält«. Ich verdanke ihm viel, weil er für mich ein Freund war, der – ohne etwas von mir zu erwarten – ein unbezahlbarer Lehrer wurde. Er brachte mir auch den Rhythmus des Stückes bei und erklärte mir die innere Dramaturgie unserer drei Einakter, in denen er und Ingeborg von Kusserow die Hauptakteure waren. Ich mimte jeweils eine junge Person, die immer dazwischenfunkte. Einmal als Verkäuferin, dann als Verführerin und schließlich als Tochter.

Während dieser Zeit kam auch einmal Romy Schneider, und zwar zur Generalprobe, ins Theater. Sie hatte damals schon ihren kleinen Sohn David. Einerseits fühlte ich mich sehr zu ihr hingezogen, spürte aber andererseits, daß sie mich unverhohlen mißtrauische beobachtete. Sie kam in unsere Garderoben und malte mit ihrem Lippenstift »Merde« auf unsere Schminkspiegel, was in Frankreich offenbar gang und gäbe und ein gutes Omen ist. Sie wirkte sehr schlank und mädchenhaft auf mich. Aber irgendwie spürte ich auch einen gewissen Hauch von Tragödie, der sie und ihr Wesen umgab. Sie knabberte, ich erinnere mich genau, an einer trockenen Brotkruste, und ich hatte versucht, eine witzige Bemerkung darüber zu machen, die ihr aber augenscheinlich mißfiel. Sie reagierte abweisend. Mir kam der ganze Auftritt seltsam »bekannt« vor. Ich verstand sie sogar. Und kam mir lange Zeit danach noch unsagbar plump vor.

Ihre persönliche Tragödie begann ja damit, daß sich Harry Meyen (bereits von ihr geschieden) in Hamburg Jahre später in seiner Wohnung durch Erhängen das Leben nahm. Und daß der kleine gemeinsame Sohn, den sie abgöttisch liebte, sich ebenfalls – durch einen Unglücksfall – an einem eisernen Gitterpfosten strangulierte. Dazu kamen ihre unglücklichen Liebesaffären mit Männern, die sie augenscheinlich nur ausnutzten. Die Abhängigkeit von Alkohol und Tabletten besorgte den Rest. Und auch ihr Weltstar-Image konnte ihr in diesem Dilemma selbstredend nicht einen Deut hilfreich sein. Sie umgab eine solche Verlorenheit, daß ich – obgleich ich sie als großartige Schauspielerin ungemein bewunderte – ein unerklärliches Mitleid für ihr unglückliches Leben nie ganz unterdrücken konnte.

Romys Großmutter, die Hofschauspielerin Rosa Albach-Retty, hat in ihren Memoiren *So kurz sind 100 Jahre* über ihr Enkelkind ebenfalls sehr bedauernde Worte gefunden und sogar ahnungsvoll davon gesprochen, sie hielte sie für dermaßen gefährdet, daß sie als Großmutter immer Angst hätte, sie würde sich vielleicht einmal etwas antun. Und obwohl Romy ja offiziell an Herzversagen gestorben ist, haben diejenigen, die etwas tiefer sehen, doch erkannt, daß es eine Art unbewußte Selbstzerstörung gewesen sein muß, mit der sie diese für sie so unwerte Existenz – durch ihre Art zu leben – zu verkürzen suchte.

Ich liebte sie besonders in den drei Sissy-Filmen, die ihre makellose Natur in strahlendem Licht erscheinen ließen. Ich fühlte mich auf eine ganz besondere Art und Weise immer seltsam angesprochen, obwohl ich diese Streifen einige Male gesehen habe. Und inzwischen hat sich ja auch herausgestellt, daß ich als einstige »Katharina Schratt«, die offizielle Geliebte des Sissy-Ehemanns Kaiser Franz Joseph von Österreich, in meinem vorherigen Dasein wohl mit diesem Schicksal eng verwoben war.

Ich möchte aus verschiedenen Gründen jetzt einmal von der Hypothese ausgehen, daß Romy in ihrem vorangegangenen Leben tatsächlich diese unglückliche Kaiserin Elisabeth war. Zu viele Dinge sprechen dafür. Und es gibt auch Bilder, die Vergleiche zulassen. Die Ähnlichkeit ist frappierend. Wenn man die Geschichte dieser Frau kennt, die ebenfalls beliebt und von einem sagenhaften Fluidum und Charisma umgeben war, so gibt es erstaunliche Parallelen zwischen Romy Schneider und der ermordeten, rastlosen Kaiserin. Auch zu dem tragischen Selbstmord ihres Sohnes Rudolph, neben all den bekannten Begebenheiten zu jener Zeit der untergehenden Donaumonarchie, die zu der so enthusiastisch umjubelten Darstellerin ihrer eigenen – wenn auch reichlich geschönten – Vergangenheit der drei Sissy-Filme führen.

Die Aussage, daß Romy einstmals auch Sissy im Leben war, kommt übrigens von genau jenem medialen Kanal einer seriösen Esoterikerin, die auch mir mein – später bestätigtes – Vorleben aus der Akashachronik enthüllte. Nun ist ja historisch verbürgt, daß Kaiserin Elisabeth, um sich selbst mehr Freiheit zu verschaffen, Kaiser Franz Joseph einst die Schauspielerin Schratt vorstellte. Aber natürlich hatte sie nicht gedacht, daß diese Frau, die eine – wie überliefert ist – starke Persönlichkeit war und ein symphatisches Wesen besaß, für den Kaiser mehr werden sollte als ein flüchtiges Abenteuer. Diese Rechnung, auch das ist durch

Briefe verbürgt, ging für Sissy nicht auf. Die Schratt wurde für den einsamen Kaiser zu einer beratenden Freundin und versuchte dem Monarchen in unauffälliger Weise, ohne ihren Einfluß je zu mißbrauchen, in seiner bedauernswerten Lage zu helfen. Sie avancierte zur Hofschauspielerin, zog sich später zurück und wurde ziemlich fromm.

Rosa Albach-Retty war gut mit ihr bekannt und berichtet in ihren Memoiren einiges über sie. Diese »präexistentiellen Verflechtungen« finde ich zu interessant, um sie für mich zu behalten. Und wenn ich nicht bei meinen Rückführungen erneut auf diese vorangegangene Existenz der Katharina Schratt gestoßen wäre, hätte ich dies bestimmt unerwähnt gelassen. Und auch die merkwürdigen Umstände meiner »Wiederbegegung« mit Elisabeth alias Romy finde ich in diesem Zusammenhang bemerkenswert und sehe sie in einem besonderen Licht. Katharina Schratt starb meines Wissens 1940. Ich kam 1944 auf die Welt. Und gerade in letzter Zeit gibt es ja häufig – wie die Reinkarnationsforschung herausgefunden hat – sehr kurze Jenseitsaufenthalte.

Ein letzter Gedanke innerhalb dieser Konstellation müßte natürlich sein, welcher der beiden Männer um Romy – ihr Sohn David oder ihr Ehemann Harry Meyen – nun wohl der arme, geistig so hochentwickelte Kronprinz Rudolph war. Und wenn man Bilder vergleicht, so hat David, der noble und sensible Sohn Romys, Gesichtszüge, die an den Kaisersohn erinnern. Aber ich möchte auf dem Feld purer subjektiver Spekulation nicht zu weit vorpreschen.

Jeder, der sich der Parallelität dieser Ereignisse nicht verschließen will, kann sich ja seinen eigenen Reim darauf machen. Ich jedenfalls bin sicher, daß es der okkulten Forschung eines Tages gelingen wird, schicksalhafte Verkettungen vergangener Leben, wenn dies die Weiterentwicklung der menschlichen Natur und des Geisteslebens fördert, weiter zu enträtseln.

Es gibt im Leben jedes Menschen, ganz unabhängig davon, was er glaubt, immer ganz bestimmte Berührungspunkte zu Menschen, die für seine äußere und innere Entwicklung wichtig sind. Manche dieser Begegnungen sind kurz, aber einschneidend. Manche Persönlichkeiten, abgesehen von den Familienmitgliedern, trifft man immer wieder, um etwas durch sie zu erfahren oder an ihnen zu scheitern. Die nachfolgende Begegnung war für mich in diesem Zusammenhang eine äußerst günstige Fügung.

Es war zu Beginn des Jahres 1971. Ich hatte gerade eine Tournee mit Eva Pflug und Gunnar Möller hinter mir. »Liebe für Liebe« hieß der Klassiker, und Eva hatte mich dabei einmal gegen den etwas rabiaten Gunnar Möller schwesterlich in Schutz genommen. Er hatte es sich eines Abends nämlich brüllend verbeten, mich in den Pausen zwischen meinen Auftritten – fernab hinter den Kulissen sitzend – stricken zu sehen. Heulend und schniefend war ich die Treppe zu den Künstlergarderoben hinuntergestolpert, der tobende Gunnar immer hinter mir her, den seine ebenfalls mitagierende Frau Brigitte Rau verzweifelt zur Räson zu bringen versuchte. Eva befand von da an kategorisch: »Er will nicht, daß du strickst hinter der Bühne, so, so. Also kaufe ich mir auch was zu Stricken und setze mich ab morgen zu dir.«

Gesagt, getan. Damals konnte noch niemand ahnen, welches Omen dieser Zornesausbruch eigentlich war. Denn Jahre später hat Gunnar ja in einem ähnlichen Anfall von Jähzorn seine Frau getötet – er kam für Jahre hinter Gitter. Meistens zeigen sich Charakterdefekte eben schon bei geringfügigen Anlässen.

Aber die besonders günstige Fügung, von der ich eigentlich erzählen möchte, war, daß der Show-Produzent Fred Kraus, der mit meiner Agentin Ruth durch gemeinsame Kabarettzeiten befreundet ist, bei ihr anfragte, ob ich wohl singen und tanzen könne. »Tanzen kann jeder, wenn er es genug übt«, meinte sie. »Aber singen?«

Als ich dann mit Peter Kraus, dessen Idee das Ganze war, zusammentraf, versicherte er mir voller Überzeugung: »Natürlich kannst du es!« Ich hatte ihm lediglich ein Liedchen vorgeträllert. Auswendig. Denn Noten lesen konnte ich ja nicht. Ich spielte damals übrigens gerade mit Gunther Philipp, der auch zu jenen Kollegen gehört, die mich förderten, zum ersten Mal im »Theater am Dom« in Köln. Peter, der diese Sketch-Serie mit dem Titel »Bäng-Bäng« nach amerikanischer Manier für das ZDF plante, war überzeugt, daß ich sämtlichen Anforderungen, die er an seine Partnerin stellte, gewachsen sein würde. Ich war zwar erstaunt, aber natürlich überglücklich. Man wollte mich für die vierzehn Folgen dieser komischen Show verpflichten! Man glaubte an mich! Die sich danach entwickelnde Zusammenarbeit war hart, zweifellos. Aber sie ging im wahrsten Sinne des Wortes spielerisch leicht, ohne die sonst üblichen Intrigen und Streitereien, ohne jegliche Störung vonstatten. Und trotzdem wurde professionell gearbeitet. Für mich die beste Schulung, die man sich denken kann.

Meine Agentin Ruth, die ja eine sehr clevere Verhandlungspartnerin ist, hatte sich eine Summe ausgerechnet, unter der sie – bei aller Wertschätzung dieser tollen Chance – nicht abschließen wollte. Aber der Produzent konnte ihr darlegen, daß für eine Vorabendserie dieser Art – sie war zu der Zeit einmalig, etwas völlig Neues – nur ein gewisser Etat zur Verfügung stand. Der allerdings nicht einmal die ohnehin niedrigst gehaltene Forderung meiner Agentin zuließ. Peter und sein Vater beschworen also meine arme Ruth, sich doch, um Himmels willen, mit einer etwas geringeren Gage für mich zu begnügen. Dem sie natürlich – was blieb ihr anderes übrig? – letztlich zähneknirschend zustimmte.

Und dann geschah etwas, das in dieser Form innerhalb meiner langjährigen Berufserfahrung seitdem nie mehr passierte. Denn obgleich mein Vertrag bereits unterzeichnet war, die Probentermine feststanden und alles planmäßig so hätte weiterlaufen können, rief Fred Kraus eines schönen Tages meine Agentin an, um sie wissen zu lassen, daß er für die »Rücker« nun doch die ursprünglich geforderte Gage zahlen könne, weil ihm das ZDF einen höheren Betrag für die Produktion zugestanden hätte, als ursprünglich vorgesehen war. Dieses Verhalten ist in unserer

Branche ebenso ungewöhnlich wie auch sonst im Geschäftsleben. Es zählt vielmehr zu den ethisch einwandfreien Verhaltensweisen, wie sie zu vedischen Zeiten praktiziert wurden, und wird erst im spirituell ausgerichteten Wassermann-Zeitalter, an dessen Schwelle wir inzwischen glücklicherweise stehen, als ganz normale, selbstverständliche Reaktion hingenommen werden. Diese seriöse Einstellung eines Produzenten unterscheidet sich von den sonst üblichen Machenschaften der eigentlich stets auf ihren Vorteil bedachten Unternehmer derart, daß ich den Vorfall einfach nicht unerwähnt lassen wollte.

Ganz sicher hat sich diese erfolgreiche »Bäng-Bäng«-Mitwirkung für mich auch dahingehend ausgewirkt, weitere Angebote dieser Art zu erhalten. So 1975 als Partnerin von Ernst H. Hilbich in den Michael-Schanze-Shows »Hätten Sie heut' Zeit für mich?« Wo ich die neuerworbene Erfahrung in zehn weiteren Folgen auswerten und vertiefen konnte. Es tut mir heute immer noch leid, daß es diese Art von Unterhaltung nicht mehr gibt. So viel Spaß hat mir diese Arbeit, das Training mit den Choreographen Billy Milié oder Gene Reed, die Proben mit den Sängern und Artisten, stets gemacht.

Wenn ich jetzt des – ebenfalls viel zu früh verstorbenen – Herbert Fleischmann gedenke, dieses großartigen Charakterschauspielers, so deshalb, weil mich auch mit ihm etwas verband, das über das übliche Maß einer vertraulichen Kollegialität hinausging. Zwischen uns gab es einen geradezu telepathischen Draht, der sich natürlich auch im Zusammenspiel äußerst vorteilhaft auswirkte. Wir trafen uns erstmals zu dem Brechtstück *Herr Puntila und sein Knecht Matti* bei den Festspielen in Bad Hersfeld, wo ich die Rolle der Puntila-Tochter Eva spielte und unter Ulrich Erfurts Regie mal wieder einen Ausflug ins klassische Fach machen konnte. Das war 1974. Und als wir zehn Jahre später für eine der üblichen Städtetourneen erneut zusammen engagiert wurden, freuten wir uns sehr. Er war damals allerdings schon sehr krank, was aber niemand, auch er selbst nicht, wußte. Das Stück, das wir in über 60 Orten des deutschsprachigen

Raumes spielen sollten, hatte den bezeichnenden Titel: »Geh zum Teufel mein Engel«.

Ich war während der vergangenen Jahre durch all die Erfahrungen meiner Höhen und Tiefen menschlich gereift und zweifellos verändert. Die Wandlung zur *Bhakti-Yoga*-Praktizierenden und Vegetarierin verschaffte mir, ebenso wie meine zwei Indienreisen mit tiefgreifenden spirituellen Transformationen, zwangsläufig eine abgeklärtere Ausgangsposition. Herbert, der nicht uninteressiert war an grenzwissenschaftlichen Themen über unser Dasein und sich auch bereits eine gewisse Philosophie darüber zurechtgebastelt hatte, war äußerst interessiert, mit mir über meine Einsichten und Ausblicke zu reden. Und merkwürdigerweise kamen wir immer wieder auf das Thema »Tod und danach«.

Ich versuchte ihm aus vedischer Perspektive das Weltgeschehen und die größeren Zusammenhänge des Universums sowie die Lehre der Wiedergeburt nebst Zwischendasein auf jenseitigen Ebenen darzulegen. Die Diskussionen waren lang und heftig. Ich gab ihm auch ein paar entsprechende Bücher, hatte allerdings nicht unbedingt das Gefühl, daß er viel davon profitierte.

Herbert litt plötzlich während dieser Tournee immer öfter an Gedächtnis-Ausfallserscheinungen. Zunächst gelang es mir leicht, die noch präzise gehaltenen Dialoge während der Vorstellung irgendwie zu überbrücken. Und wir lachten alle noch. Aber einmal, kurz bevor der Vorhang aufgehen sollte, kam er völlig hilflos mit dem Textbuch in der Hand zu mir und wollte wissen, welches Stück wir eigentlich spielten und worum es hier überhaupt ging: Er erinnerte sich nämlich an nichts mehr. Alles was wir geprobt und zig-mal gespielt hatten, war aus seinem Gedächtnis unerklärlicherweise ausgelöscht. Jürgen, unser Tourneeleiter, der bereits ähnliche Symptome in den verschiedensten Situationen bei ihm beobachtet hatte, kam einigermaßen verzweifelt dazu und bat, doch alles noch mal durchzusprechen, wir könnten ja etwas später anfangen. Eine ziemlich aussichtslose Sache, wie mir schien. Denn es war mir nur möglich, den Ablauf irgendwie zu deichseln, solange ich mit ihm auf der Bühne war. Da ich aber eine Doppelrolle zu spielen hatte, war ich nicht immer auf der Szene.

Und so kam, was kommen mußte. In dem Augenblick nämlich, – in dem Herbst allein auf der Bühne sein mußte, war's aus. Ich mußte also raus an die Rampe und dem Publikum sagen, Herrn Fleischmann sei nicht gut und wir bäten deshalb um einen Moment Unterbrechung. Und nachdem ich eine Weile versucht hatte, ihm die nächsten Szenen, die er alleine zu bewältigen hatte, einzubleuen, begannen wir erneut. Aber schon nach wenigen Sätzen war Funkstille. Und ein hilfloser Blick aus großen, ratlosen Augen signalisierte nichts Gutes. Als er dann irgendein Requisit aus der Kulisse zu holen hatte, kam er nicht wieder zurück. Ich sah ihn von der Bühne aus zusammengekrümmt stehen, aschfahl und völlig abwesend.

Von nun an handelte ich wie von einer unsichtbaren Kommandostelle aus dirigiert. Der Vorhang fiel erneut, und ich erklärte dem Publikum, daß es unmöglich sei, weiterzuspielen. Und ob ein Arzt im Zuschauerraum wäre, da es sich meines Erachtens um eine Herzattacke handele. Ich ließ ein Glas Cognac besorgen und flößte dem matt Protestierenden etwas davon ein. »Das erweitert die Gefäße, trink das, los!« kommandierte ich.

Zu allem Übel war der Arzt, der endlich aufgeregt aus dem Publikum erschien, merkwürdig rat- und hilflos. Und es war sicher nicht verwunderlich, daß viele der Zuschauer Herbert einfach nur für betrunken hielten. Dem war aber nun wirklich nicht so. Mir jedenfalls war klar, daß er unter keinen Umständen in den nächsten Tagen auf die Bühne durfte. Denn diese Szene würde sich mit Sicherheit wiederholen. Wir kehrten alle einigermaßen betreten ins Hotel zurück. Und ich handelte weiterhin wie mit innerem Auftrag zielstrebig und ohne mich auf Debatten einzulassen.

Ich rief sofort meine Agentin Ruth in München an und schilderte ihr die Situation. Wir beschlossen nach reiflicher Erwägung, da ein entsprechender Kollege aus der Agentur glücklicherweise gerade frei war, den Veranstalter zu veranlassen, die Rolle umzubesetzen und Herbert der Obhut einer Klinik zu übergeben. Die kommenden Vorstellungen wurden abgesagt. Das Ensemble fuhr ohne Herbert und mich mit dem Bus weiter nach Hannover. Ich reiste mit dem kranken Herbert nach Stuttgart zum Flughafen, um den Kollegen nachzufliegen. In Hannover angekommen, fuhren wir sofort zu der von der Produktion angegebenen Adresse, um Herbert fachmedizinisch versorgen zu lassen. Aber als ich das Türschild mit der Aufschrift »Frauenarzt« sah, machte ich mit dem kleinlauten, fügsamen Herbert am Arm auf dem Absatz kehrt.

Es gelang mir dann vom Hotel aus über Beziehungen, die ich noch von Wien her hatte, mit der Frau eines Professors am Hannoverschen Klinikum ein längeres Telefonat zu führen. Wir wurden daraufhin sofort an die richtige Stelle verwiesen und dort auch von ihr avisiert. Herbert wurde ohne Wartezeit mit allen zur Verfügung stehenden Mitteln nach neuestem Stand der Technik vom leitenden Professor untersucht: Blutdruck 220! Ein alarmierender Zustand. Der Arzt wollte für nichts garantieren und schloß einen Bühnenauftritt völlig aus.

Die Lage war nur insofern etwas prekär, weil der zunächst einsichtige Herbert sich nach der Behandlung wieder so fit fühlte, daß er an nichts anderes als die abendliche Vorstellung dachte. Ich redete also wieder, wie schon während des ganzen langen Tages, auf ihn ein. Beschwor ihn, an die Auswirkungen zu denken. Malte ihm mit drastischen Worten aus, wie die Presse seine Situation ausschlachten würde, wenn sich ein Vorfall wie der in Aalen wiederholte. Erwähnte auch, daß man ihn ja dort schon für betrunken gehalten hatte. Und das tat ich alles gegen mein eigenes Interesse. Denn ich verlor damit meinen liebsten Partner. Was für eine Ironie!

Glücklicherweise blies der Arzt in mein Horn. Machte ihm klar, daß weitere Gedächtnisausfälle unausbleiblich wären. Schloß sogar einen Kollaps nach der eben erfolgten Roßkur nicht aus. Und riet ihm eindringlich, eine Zeitlang zu pausieren und sich gezielt untersuchen und behandeln zu lassen.

Mittlerweile war der Kollege eingetroffen, der die Rolle übernehmen sollte. Außerdem ein langjähriger Freund von mir, der sich abends die Vorstellung, die ja nun ebenfalls ausfiel, ansehen wollte. Und so pendelte ich ununterbrochen zwischen den Kollegen, die in einer Ecke des Restaurants über den Textbüchern saßen, einem verständnislosen Bekannten und Herbert auf seinem Zimmer rastlos hin und her. Und als mein Besuch, der natürlich wenigstens mit mir Essen gehen wollte, etwas beleidigt konstatierte: »Ja, mußt du denn das eigentlich alles machen? Ist da niemand anderer da, der sich darum kümmern kann?«, wurde ich ungehalten. Ich habe dem völlig Verdutzten all die Anspannung der letzten Tage, den Nervenkrieg nebst allen Belastungen, angefangen bei Christi Geburt bis zu unserem Kollektivkarma über den Kopf gestülpt. Der Arme verstand weder, worum es ging, noch, wie ihm geschah. Und Jahre danach mußte ich mir immer wieder mal »also damals in Hannover....« anhören.

Ich redete noch die halbe Nacht mit Engelszungen auf Herbert ein, bis er endlich einsah, daß er nachgeben mußte. Er war soweit, in den D-Zug nach Lugano, wo er mit seiner zweiten Frau lebte, zu steigen. Alles atmete erleichtert auf. Die drohende Gefahr war gebannt. Es waren schließlich immer noch mehr als die Hälfte der Vorstellungen zu spielen. Als ich mich von Herbert verabschiedete, bat ich ihn nochmals von Herzen: »Erhole dich erst einmal, mindestens zehn Tage. Dann werden wir weitersehen.« Und das, obwohl ich irgendwie wußte, daß er nie wieder auf einer Bühne stehen würde. Diese Erlebnisse wirkten sehr stark und nachhaltig auf mich. Fast wie eine traumatische Situation, die ich bereits irgendwann unter anderen Vorzeichen schon einmal durchlebt hatte. Eine Bewährungsprobe war es in jedem Fall. Ich war stark bewegt und noch lange danach mit diesem Geschehen gedanklich beschäftigt.

Nach einigen Probentagen ging die Tournee mit dem neuen Hauptdarsteller weiter. Und kurz darauf gastierten wir sogar in Lugano, nicht weit von Herberts Wohnort entfernt. Er besuchte uns mit seiner Frau und lud das ganze Ensemble nach der Vorstellung zu sich nach Hause ein. Erzählte, daß er inzwischen eine Untersuchung in einer Züricher Spezialklinik hatte vornehmen lassen und man ihn dort als kerngesund befunden hätte. Mit uns spielen wolle er aber nun trotzdem nicht mehr, er hätte andere Pläne. Mir stiegen bei all seinen enthusiastischen Ausführungen über die nahe Zukunft die Tränen in die Augen, und die altbekannte Faust schob mir den Magen in die Kehle.

Oh, Krishna, dachte ich, wenn du doch bloß einsehen könntest... warum ist das nur so, warum machen sich die Menschen immer etwas vor, warum wollen oder können sie nicht sehen, was unausweichlich ist, und warum nehmen sie es nicht an, bereiten sich darauf vor und machen das Beste daraus!? Ich fühlte mich nach langer Zeit mal wieder so richtig hundeelend. Und konnte natürlich mit niemandem darüber reden.

Und dann, in Euskirchen bei Köln, überbrachte mir unser Tourneeleiter die Nachricht: »Herbert ist heute früh ganz plötzlich gestorben.« Der Vorhang zu diesem Spiel war gefallen. Und ich hatte dabei wie unter Zwang meine Rolle gestaltet. Unbeteiligt, völlig geführt. Vielleicht hatte ich an Herbert irgend etwas gutzumachen.

Er hatte sich übrigens in Lugano noch einmal besonders herz lich bei mir bedankt: »Du warst so gut zu mir. Wieso hast du das bloß alles für mich getan?« Immerhin hatte er noch drei Wochen ohne weitere Aufregung, in Harmonie mit seiner Frau, zu leben. Ob er diese Zeit allerdings spirituell genutzt hat, weiß ich nicht.

Wir traten noch einmal in Aalen auf, boten damit Ersatz für die abgebrochene Vorstellung. Andere wurden verlegt. Nur wenige mußten ausfallen. Meine Agentin Ruth, die wieder einmal als segensreiche Verbindungsperson gewirkt hatte, fragte später einmal den Tourneeunternehmer, ob er eigentlich wisse, was er mir zu verdanken habe. Er hat es mir zunächst zumindest so gedankt, daß er während einer Tournee 1986, bei der ich gebeten hatte, in den Pausen und nach den Vorstellungen im Foyer von einer Mitarbeiterin Prospekte für meinen Förderverein »Goldener Lotus« verteilen zu lassen, dies kategorisch ablehnte. Doch der Mensch denkt, und Gott lenkt. Und so kam es, daß er diese geplanten Aktivitäten schließlich doch noch billigte, nachdem seine jüngste Tochter aus freien Stücken für mein Hilfswerk gesammelt hatte und mir durch ihn den Ertrag feierlich überreichen ließ. Außerdem genehmigte er auch eine zusätzliche Benefizvorstellung.

Es war Heide Keller, die alle Kollegen dazu überredete, mit unserem Stück »Wirst du mich auch morgen früh noch lieben« in Wolfratshausen ohne Gage aufzutreten. Der Reinerlös ging postwendend nach Indien, wo er in das Projekt investiert wurde, das als Hilfe-zur-Selbsthilfe-Programm einige Dörfer in Westbengalen unterstützt. Ich werde später noch ausführlicher darauf eingehen.

Außer Herbert Fleischmann ist auch Hubert von Meyerinck viel zu früh verstorben. Und das nicht nur deshalb, weil er vorhatte, mich Boy Gobert vorzustellen, da er der Ansicht war, dieser wäre für meine Entwicklung die richtige Führungsperson. Auch Peter Vogel, dieser geniale Künstler, hatte einiges mit mir vor. Er bat mich nach gemeinsamen Dreharbeiten zum Beispiel, Horvaths Stück »Kasimir und Karoline« zu lesen, um es am Theater in der Josefstadt in Wien mit mir zu realisieren. Aber auch dazu kam es nicht mehr. Peter, der sensible Zerrissene, am Leben und sich selbst Leidende, der sich mit Alkohol und Tabletten ruinierte, konnte das Leben nicht mehr ertragen und entschloß sich, Hand an sich zu legen. Besonders ich müßte eigentlich dafür Verständnis haben. Aber eine Tragödie ist das Scheitern am Leben eben doch. Und zwar deshalb, weil an einem entscheidenden Punkt die Weichen vom Betreffenden selbst falsch gestellt wurden.

Und sicher ist es auch kein Zufall, vielmehr etwas, das mir zufiel, daß immer wieder mir liebgewordene, einflußreiche Kollegen plötzlich starben. Ich bin zwar keine Jenseitsforscherin. Eines jedoch weiß ich sicher: daß das sogenannte Sterben, dieses Überwechseln in einen anderen Zustand, eines nicht mehr allzu fernen Tages für jeden alle Schrecken vollends verlieren wird. Einfach, weil die Mensch dieser endzeitlichen Epoche mehr und mehr metaphysisches Wissen übermittelt bekommen. Als ein Gegengewicht sozusagen, damit die Menschen mit all den chaotischen Begleiterscheinungen zurecht kommen, die sich leider, so wie die Verhältnisse auf unserem ausgebeuteten Planeten Erde sich im Laufe dieses Jahrhunderts nun einmal entwickelt haben, durch die Häufung von Katastrophen, Wirbelstürmen, Überflutungen und Massendesastern, einfach nicht mehr übergehen lassen. Denn deutlicher können die Hinweise eigentlich kaum sein.

Gewiß, viele Zeitgenossen ziehen es vor, die Signale dieser Wendezeit zu ignorieren. Alle negativen Berichte zu verdrängen, nach dem Motto: »Was geht mich dieses Erdbeben in Rußland an?« Oder auch die verschiedenen Flugzeug-Katastrophen einer näheren Betrachtung zu unterziehen oder als Warnung zu betrachten. Und diese Häufung von tödlichen Zwischenfällen wird sich weiter steigern. Viele Politiker, die unser derzeitiges gefährdetes Dasein aus dem ihnen eigenen Blickwinkel betrachten, versuchen diejenigen, die etwas tiefer hinter diese Debakel zu sehen vermögen, als »Schwarzmaler« zu verteufeln! Weil schon wieder mal »nicht sein kann, was nicht sein darf«.

Aber meiner Ansicht nach reicht unsere Vorstellungskraft wahrscheinlich gar nicht aus, um sich die Dinge so auszumalen, wie sie in ihrer Spiegelung der wahren Verhältnisse mit bedingungsloser Rigorosität auf uns zukommen werden, solange Machtwahn, militärische Stärke und Atombombenversuche das geologische Gleichgewicht der Erde ebenso durcheinanderbringen wie all die Atomreaktoren, welche die Atmosphäre auch ohne Zwischenfälle tschernobylschen Ausmaßes systematisch vergiften. Es ist einfach unfaßbar! Und der Mensch wird naturgemäß prompt die Rechnung dafür serviert bekommen. Bekommt sie ja bereits. Man denke nur an die Lustseuche Aids und das wachsende Ozon-Loch. Die Zeitbombe tickt bereits.

Und nicht nur Nostradamus, der große Seher des Mittelalters, hat von diesem heutigen »Tanz auf dem Vulkan« gesprochen.

Auch andere Medien und Telepathen, Astrologen und Botschafter aus der anderen Dimension drängen die Menschheit immer wieder sehr eindringlich zur Umkehr. Jene Menschen, deren Bewußtseinsebene inzwischen zur Transzendenz hin entwickelt ist, fürchten sich aber nicht vor den Umwandlungen, die diesen unumgänglichen Veränderungen unserer Welt vorausgehen. Sie wissen, daß sie sich, was immer auch noch an Ereignissen auf sie zukommen mag, trotz allem in höherer Führung geborgen fühlen können, die ihnen den Weg zurück zu Gott weist.

Da mir besonders eindringliche Träume unauslöschlich im Gedächtnis bleiben, kann ich zu diesen endzeitlichen Vorahnungen, die sicher bereits bei vielen vorhanden sind, nachfolgende Vision beisteuern:

Ich sitze in einem riesengroßen Zuschauerraum (wie ich ihn in ähnlichem Ausmaß bisher nur im »Phantasialand«, dem großen Vergnügungspark bei Köln, kennengelernt habe). Der Saal ist nur spärlich besetzt. Auf der überdimensional breiten Bühne läuft irgendeine Show in farbenprächtigen Kostümen. Plötzlich beginnt sich die Szenerie zu weiten, und ich werde Augenzeuge einer ungeheuren Explosion elementaren Ausmaßes. Überwältigend rotglühend und gewaltig. Allerdings völlig lautlos und in Zeitlupe. Ich stürze ins Freie und finde mich übergangslos in einem kleinen grünen Auto sitzend. Einem originellen Vehikel, wie ich es nie zuvor gesehen habe. Komplett aus Holz, in Nut- und Federbauweise nach Sauna-Manier. Aus einem kleinen Schornstein, der aus dem Buckel am Heck herausragt, steigt Rauch auf. Ich fahre – ebenfalls lautlos – auf einer schnurgeraden Chaussee, die sich nach Durchquerung einer weiten Ebene in Abendstimmung zwischen einer Bergkette am Horizont verliert, inmitten zielstrebig vorwärtshastender Menschen, während hinter uns immer weitere feurig-orangrote, geräuschlose Explosionen detonieren. Eine riesenhafte pilzförmige Rauchsäule hat sich gebildet. Es herrscht keine Panik, nur gezielte, geordnete Flucht. Niemand schreit oder weint. Eigenartigerweise sind alle zu Fuß unterwegs. Ich bin der einzige, der mit diesem merkwürdigen Fahrzeug unterwegs ist. *Der,* richtig, denn ich bin ein junger Mann. Am Straßenrand sehe ich plötzlich meine Frau mit unserem Kind auf dem Arm. Ich spreche mit ihr, ohne mein Gefährt anhalten zu müssen. Versuche sie zu überreden, mit mir zu fahren. Dem Inferno zu entfliehen. Doch sie weigert sich. Unmißverständlich mache ich ihr klar, daß ich, auch wenn sie nicht einsteigt, weiterfahren werde...Sie bleibt, sich zwischen den anderen Flüchtenden verlierend, zurück.

Ich bin auf einmal in einer mittelalterlich anmutenden Burg mit unglaublich dickem, düsterem Mauerwerk. Die Räume sind ohne Türen. Von den winzigen Fensteröffnungen aus verliert sich der Blick ins Nichts. Plötzlich öffnen sich die grauen Mauern, und ich stehe in einer Felsenschlucht. Von weither höre ich *kirtana,* diesen wohlbekannten Wechselgesang von Gottes Heiligem Namen. Ich folge dem Klang wie einem geheimen Wegweiser und sehe schließlich unter freiem, tiefblau-klarem Himmel eine kleine Menschengruppe, die sich vor einer Felsnische versammelt hat. Und während ich ihnen meine Ehrerbietung erweise, empfinde ich ein tiefes Geborgensein. Eine wunderbare Sicherheit, allem gewachsen, was immer da kommen mag.

Dieser Traum, der für mich astrale Ausmaße hat und doch zugleich auch visionär endzeitliche Gefährdungen als Vorahnung beinhaltet, läßt sich für mich allerdings schwer mit unserer spärlichen, dreidimensionalen Sprache ausdrücken. Vor allem, weil ich dieses Traumerlebnis mit einer erhöhten Bewußtheit und einem inneren Auge empfunden und gesehen habe. Jenen Rückführungserlebnissen nicht unähnlich, die ich erst kürzlich durchleben konnte. Augenblicke kosmischen Ausmaßes, die einen viel tieferen und mit gesteigertem Bewußtsein erlebten Inhalt vermitteln, als es normal Geschautes aus rein irdischer Sicht jemals tun könnte.

Jeder, der ähnliche Erfahrungen hatte, wird wissen, wovon ich rede. Mir scheint dieses überirdische Traumgeschehen, ganz unabhängig von meiner rein subjektiven Erfahrung, zugleich auch eine trostreiche Botschaft für andere Suchende zu enthalten.

Nachdem ich hiermit, um andere zu ermuntern, ihre eigenen nichtmateriellen Erfahrungen bewußt weiterzuentwickeln und so ihr Urvertrauen zurückzugewinnen, lediglich eine andere Facette meines unsterblichen Selbst zu beschreiben versuchte, möchte ich auch ein anderes, einschneidendes Erlebnis nicht unerwähnt lassen. Diesmal aber ein im Wachzustand erlebtes Unglück, das sich allerdings an Intensität und Mystik von jener Traumart in nichts unterscheidet. Und ebenfalls den Hauch des Ewigen stark in die tragische Realität herüberbrachte.

Es war 1962, im Winter, an einem Samstagnachmittag. Ich lebte damals noch bei meinen Eltern in der Bayerstraße, 5. Stock, Südseite. Wir saßen gerade am Kaffeetisch. Vater war eben vom Weihnachtsbaumkauf zurück. Es war den ganzen Tag schon unheimlich nebelig, und bestimmt auch deshalb war die Atmosphäre seltsam verdichtet. Das merkwürdige Brummen eines näherkommenden Flugzeuges ließ uns alle ans Fenster gehen. Durch den schwadigen Dunst war nur schemenhaft unwirklich einer der beiden hohen dicken Türme der Paulskirche, uns direkt gegenüber, auszumachen. Und da tauchte auch schon der kleine Flieger, zunächst nur wie ein dunkler Schatten, auf, rammte – ganz langsam – den riesigen Turm und kam – immer noch ganz langsam – genau auf uns zu.

»Raus!« schrie mein Vater. »Alle raus hier, wir müssen weg, der erwischt uns genau«, und er stürzte auch schon aus der Wohnung. Ich stand wie gelähmt am Fenster und schrie und schrie, unfähig, auch nur einen Finger zu bewegen. Meine kreidebleiche Mutter neben mir. Und da – ich sehe den Piloten heute noch geradezu überdeutlich sitzen – kippte die angeschlagene Maschine plötzlich nach links und entschwand – immer noch im Zeitlupentempo – unseren Blicken. Fast augenblicklich darauf ein ohrenbetäubend krachender Aufschlag, Detonation, Feuer, schwarzer Rauch, tosender Lärm, Schreie...

Ich stürzte die fünf Stockwerke hinunter, den verständnislos Fragenden zurufend, was passiert war, um mich als Helfer bei den inzwischen ebenfalls mit ohrenbetäubendem Lärm anfahrenden Sanitätern zu melden.

Schließlich hatte ich ja eben in der Schule einen Erste-Hilfe-Kurs erfolgreich absolviert. »Mei, Madl«, begrüßte mich einer der Helfer, »geh bloß wieder heim, was willst denn hier tun. Das vergißt du doch deiner Lebtag nimmer, was du hier anschaun mußt. Geh doch! Wir machen das schon ohne dich. Bet lieber!«

Da stand ich also irgendwo verloren am Straßenrand. Betäubt, laut weinend und schluchzend. Bewegungslos inmitten der Wrackteile, die durch die Luft geflogen und, was immer sie berührt hatten, in tosendes Feuer verwandelt hatten. Die Teerstraße war inzwischen zu einer wabernden, dampfenden schwarzen Masse geworden, in der wie Fackeln feststeckende brennende Menschen, brüllend und um sich schlagend, verkohlten. Und ich mußte das alles mitansehen. Bewegungs-, macht- und hilflos. Kein Alptraum kann schlimmeres Grauen beinhalten. Etwas erhöht, nicht weit von mir entfernt, das weißglühende Flugzeugwrack, wie ein riesiger ausgehöhlter, hautloser Fisch. Gleißend in der flirrenden, flüssig anmutenden, heißen Luft thronend. Und mittendrin, schattenhaft scharf abgegrenzt, der Pfarrer. Der mit hoch erhobenen Armen ein lebendes Kreuz bildete, seinen Trost und Segen unhörbar in das infernalische Getöse schreiend.

Als ich – viele Jahre später – im 5. Canto des *Śrīmad-Bhāgavatam* die Beschreibungen einiger höllischer Planeten mit den verschiedenen Arten ihrer Bestrafung las, mußte ich schaudernd bestätigen: »Ja, genauso ist es. Ich habe es selbst erlebt. Und das schon hier, auf dieser Erde.«

Irgendwie und -wann war ich wieder zurück in unser Haus gekommen. Benommen, schwarz vom Rauch, vom dauernden starken Luftzug völlig zerzaust und immer noch von haltlosem Schluchzen geschüttelt. Hier hatten die Frauen inzwischen »Feldküchen« eingerichtet. Auch meine Mutter kochte Tee und heiße Suppe für die unermüdlichen Helfer. Jetzt hatte ich eine Aufgabe: Ich durfte mithelfen auszuteilen. Die hartgesottenen Männer saßen meist schweigend, bleich und übermüdet vor uns.

Sie kamen und gingen. Ruhten sich ein wenig aus, wärmten sich die klammen Finger an ihren dampfenden Tassen und verschwanden wieder.

Das Flugzeug war geradewegs in eine haltende Straßenbahn gerast und hatte die Hochspannungsleitung zerfetzt. Daher die vielen brennenden Menschen. Die Rettungs- und Aufräumungsarbeiten dauerten die ganze Nacht. Irgendwann am nächsten Tag sinnierte Vater plötzlich: »Kinder, denkt doch bloß, vorgestern haben sie den großen Baukran, der unten im Hof direkt hier vor unserem Fenster stand, weggeräumt. Wenn der gestern noch dagewesen wäre, hätte alles ganz anders ausgesehen...« Und dann, mit unverwüstlicher Freude daran, mich zu frotzeln: »Aber vielleicht hat der Pilot dich ja am Fenster plärren sehen und hat deshalb vor Schreck mit letzter Kraft abgedreht...«

Wann immer ich heute von einer ähnlichen Katastrophe höre oder via Bildschirm daran teilhabe, so ist das jedesmal wieder das erneute Durchleben einer alten Erfahrung. Außerhalb von Raum und Zeit. Diesen Zustand macht jeder zu irgendeinem Zeitpunkt bei ganz bestimmten Ereignissen mit, wobei er sich dann wieder an dieses ganz Spezielle aus früheren Zeiten erinnert. Hierbei wird die innere Spannung mit der äußeren für Augenblicke gleichgeschaltet, was dann diese besonders tiefe Bewußtheit vermittelt. Und aus diesem Grund ist die Zeit als Qualität ein Kontinuum zwischen Raum, Materie und unsichtbarer Sphäre. Für den im Hier und Jetzt Lebenden kann also Zeit niemals eine Illusion sein. Denn sie ist ja vorhanden. Wir sind von ihr abhängig. Für uns Menschenkinder bleibt sie ein sich stets wandelnder Faktor, dem wir uns keineswegs entziehen können. Denn noch sind wir den Gesetzen der Materie unterworfen. Ebenso wie astralen Konditionierungen, die ebenfalls im Ablauf der Planeten zeitgebunden sind. Und auch wenn unser Höheres Selbst auf eine Rückkehr zu den göttlichen – außerhalb dieses Zeitbegriffes existierenden – Räumen wartet, so gilt gleichwohl für unser irdisches Leben Zeit als eine vorhandene Quantität.

Ich wollte dies einmal in meiner simplen Sprache ausdrücken, weil eine Postulierung wie zum Beispiel »Zeit ist eine Illusion« (so auf einem Taschenbuch-Titel verkündet) einen Suchenden leicht verwirren kann. Aber die Wahrheit ist in ihrer Logik glücklicherweise doch leicht nachvollziehbar. Denn jeder einzelne von uns befindet sich ja auf dem Weg, seinen eigenen, ganz persönlichen Wandel vorzubereiten. Und auch dazu bedarf es der Zeit. Der Stunden, Minuten und Sekunden, die wir als »Inkarnierte« zu durchleben und zu durchleiden haben.

Ich war gerade 26 Jahre alt, als ich mit dem Musical »Gigi« in Wien in der Titelrolle den sogenannten Durchbruch am Theater erleben durfte. Wien hat ja sowieso immer eine segensreiche Wirkung auf meine Laufbahn ausgeübt, was mich nur so lange verblüffte, bis ich erfuhr, warum mich die österreichische Metropole so liebend wieder ans Herz drückte. Und mich weitaus ernster nahm als meine »Heimat« Deutschland. Denn bereits 1971 holte mich Gunther Philipp – Regie führte sein Freund Peter Loos – an die Josefstädter Kammerspiele. Und besonders letzterer bestärkte mich auch menschlich, indem er mich immer wieder aufs neue beschwor, meine Schüchternheit zu überwinden. Mich einfach nur zu trauen. Er schien meine geistige Entwicklung bereits vorauszuahnen.

Und als mich Wolfgang damals nachts (zum Vorsprechen und -singen am nächsten Morgen) mit dem Wagen von München nach Wien chauffierte – es hatten sich bereits 35 Kolleginnen, darunter welche mit Rang und Namen, erfolglos für diese Rolle der naiv-kecken kleinen Französin aus dem etwas halbseidenen Milieu, die jedoch eine aristokratische Erziehung genießt, vorgestellt – da sang Maurice Chevalier plötzlich im Radio: »Gigi...« Und da wußte ich, die Rolle war mir sicher. Das war das Zeichen. Ich wurde unter anderem als »beste Fehlbesetzung« gefeiert. Denn außer dem Theater-an-der-Wien-Direktor Kutschera hatte mir eigentlich niemand aus der Branche ausgerechnet diese Rolle zugetraut.

Während dieses insgesamt sieben Monate dauernden Engagements war für mich besonders das Zusammenspiel mit dem großartigen Johannes Heesters allabendlich ein Born der Freude. Er gehört als Mensch und Kollege zu den Sonderausgaben. Wir verstanden uns prächtig und machten keinen Hehl daraus. Was natürlich, wie könnte es anders sein, während des Berliner Gastspiels pressemäßig prompt im Rahmen eines Interviews mit uns beiden eindeutig zweideutig ausgeschlachtet wurde. Das Resultat war ein Familiendrama im Hause Heesters. Und auch Jopie vertrat schon damals sehr traurig die Ansicht, daß sich diese Artikelschmierer wohl überhaupt nicht darüber bewußt sind, was sie mit ihren auf Sensation getrimmten Halbwahrheiten für Schaden anrichten können.

Es ist schon merkwürdig, aber so positiv sich die Wiener Atmosphäre immer auf meinen beruflichen Werdegang ausgewirkt hat, so merkwürdig wirkte sich Berlin für mich aus. Vielleicht hängt das auch damit zusammen, daß Berlin als Stadt unter dem Zeichen des Widders steht und meine eigene Marskonstellation damit gelegentlich kollidiert. Es gibt diese Beziehungen wirklich nicht nur zwischen Menschen, sondern auch zwischen Menschen und Städten. Aber natürlich haben solcherlei Störungen, die einem besonders da oder dort zustoßen, immer auch eine ursächliche Bedeutung.

Das hat weder etwas mit Aberglauben noch mit Hokuspokus zu tun. Auch hier gilt wiederum die allgemeine Regel, daß wir uns den Entwicklungsgesetzen letztlich nicht entziehen können. Sollten wir es aber versuchen, geraten wir bald in eine Sackgasse oder auf Wege, die uns in die Irre führen. Und als Begleiterscheinung erleiden wir Krankheit, Unglück und körperlichen oder mentalen Schmerz. Wir müssen dann erneut da weitermachen, wo wir einst die falsche Entscheidung trafen, um diesen Rückfall zu überwinden und den Fehler auszugleichen. Das Endziel ist dabei für alle die spirituelle Entfaltung. Denn unsere inneren Möglichkeiten mit all dem, was der Mensch werden soll, diese Hinwendung zum göttlichen Vollkommenheitsweg, steckt in jedem von uns. Wer bereit ist, sich diesem unumgänglichen Selbsterforschungsprozeß bewußt zu unterziehen, ist meist auch bereit, sich seiner Vergangenheit forschend zu öffnen. Um die einstigen Fehler allmählich durch innere Reinigung, Läuterung und ein spirituell geführtes Dasein – also durch geistige Überwindung eingefleischter karmischer Schädigungen – bewußt zu korrigieren. Und dadurch das vorhandene Potential zum Höheren Menschen in uns entweder in einer Art persönlichem Quantensprung oder durch mühevolle Übungen und Kleinarbeit sukzessive zu erwecken.

Nach der vedischen Philosophie, mit der sich die Lehren der christlichen Mystiker in vielem decken, gibt es drei Erscheinungsweisen: Unwissenheit, Leidenschaft und Tugend. In diesen Erscheinungsformen äußert sich auch die Weisheit der Religion. Davon hängt ebenfalls die Art der Wohltätigkeit ab, die man ausführt. Und das Essen, das man zu sich nimmt, ist ebenso wichtig wie die Handlungen, die man vornimmt, auch wenn sie noch nicht eindeutig in eine Richtung weisen. Es gehört zu den dynamischen Entfaltungsregeln dieses Urgesetzes, daß immer in dem Maße, in dem eine dieser Erscheinungsweisen zunimmt, eine andere abnimmt. Im Positiven findet dabei eine Bewußtseinserweiterung statt und alte karmische Knoten werden gelöst. Diesen Abenteuern unseres feinstofflichen Körpers sind wir seit undenklichen Zeiten ausgeliefert. Und es liegt in unserer Hand, inwieweit wir durch Wissen einen autorisierten Läuterungsvorgang akzeptieren, um das Bewußtsein entweder auf die Stufe von *sattva-guna* (Tugend) zu erheben, um schließlich als Endziel auch diese Erscheinungsweise zu transzendieren. Oder ob wir uns fallen lassen und *maya* (das was nicht ist), also illusionärem materiellen Denken zum Opfer fallen und so tatsächlich »zu Fall« kommen.

Dazu fällt mir eine NDR 3-Talkshow aus den frühen 80ern ein, in der Uwe Barschel – damals aufstrebender Ministerpräsident von Schleswig-Holstein – als Gesprächspartner mit mir an einem Tisch saß. Ich hatte anschließend nach der Sendung (die einigen Staub aufwirbelte, wie aus der Menge von Zuschauerpost ersichtlich war) noch ein recht erfreuliches Gespräch mit ihm, besonders die *Bhagavadgītā* betreffend. Und war beeindruckt von seiner klaren, kraftvollen Ausstrahlung. Endlich mal ein junger Politiker, der Grund zur Hoffnung gibt, dachte ich mir. Als ich ihm aber Jahre später – wieder in Hamburg – erneut bei einem Empfang begegnete, wirkte seine Aura bereits sehr gestört, und er machte einen fahrigen, im negativen Sinn gewandelten Eindruck auf mich. Diesmal kam es auch zu keinem Gespräch. Besonders sein Beispiel des Machtmißbrauchs hat in diesem Zusammenhang – gleichgültig, ob man nun an seinen Selbstmord glaubt oder nicht – deutlichen Symbolcharakter. Hier gilt als richtungsweisendes Prinzip das alte Sprichwort: »Der Krug geht so lange zum Brunnen, bis er bricht.« Denn jeder, der bewußt und willentlich glaubt, geistige Urgesetze um eines augenblicklichen Vorteils willen übertölpeln zu können, bekommt irgendwann – wenn nicht schon in diesem, dann eben in kommenden Leben – die Rechnung für seine Verfehlungen präsentiert. Dies ist die trostreiche Lehre von der göttlichen Gerechtigkeit, die allem menschlichen Handeln zugrunde liegt.

Selbst an meinen diversen körperlichen Gebrechen oder Krankheiten war der fortschreitende geistige Reinigungsprozeß sehr gut nachvollziehbar. Und auch wenn es sich dabei natürlich um Restbestände alter karmischer Schäden handelte, die, wie bei einer notwendigen Reparatur, fast immer operativ behoben werden konnten, war doch auch offensichtlich, daß die körperliche Heilung mit der mentalen Reinigung Hand in Hand ging. Alle meine Krankheiten wurden stets schubweise akut. Und waren erstaunlicherweise immer sehr gut mit meinen beruflichen Vertragsterminen – wie in geheimer höherer Absprache – unter einen Hut zu bringen. Krankheit hat ja, das wissen sogar diejenigen, die sich mit der tieferen Gesetzmäßigkeit der Weltordnung und des Menschentums sonst schwer tun, läutern den Charakter. Der psychosomatische Zusammenhang bestimmter Krankheitsbilder ist ein wichtiger Bestandteil der Problematik, fernab jeder dreidimensionalen Schulmedizin. Er fällt vielmehr unter geistige Entwicklung aus esoterischer Sicht.

Der große Reinkarnationstherapeut Thorwald Dethlefsen hat in Zusammenarbeit mit Rüdiger Dahlke in dem Buch *Krankheit als Weg* die polare Gesetzmäßigkeit und das Überwinden von Schatten, bis hin zur Einheit und Rückbindung in die Ganzheit, tiefgründig erörtert. Mir wurden beim Lesen dieser aufschlußreichen Lektüre auch aus diesem Blickwinkel wieder einige Zusammenhänge über meine unermüdliche Anstrengung, mich in die Erscheinungsweise der Reinheit oder Tugend zu erheben, verständlich.

So mußte ich bei meiner letzten einschneidenden Operation, einer Keratoplastik am rechten Auge, wo eine fremde Hornhautscheibe über die aufgeplatzte Pupille genäht und damit gleichzeitig der überstarke Astigmatismus begradigt wurde, zum Beispiel Geduld lernen. Geduld, ein ganzes Jahr lang, nur Geduld, sonst nichts. Eine meiner größten Schwächen war die Ungeduld. Das war hart. Aber es dauerte genau so lange, bis ich das Höhere Prinzip nicht nur begriffen, sondern auch verwirklicht hatte. Und selbstverständlich ging letztlich auch alles gut, sogar bestens; der Schaden ist für immer behoben. Und auch während dieser Bewährungszeit half mir meine inzwischen obligatorische Pilgerreise, die ich, wenn irgend möglich, einmal jährlich absolviere, durch spirituelle Sicht und geistigen Auftrieb. Denn gerade so ein Augenproblem kann man schlecht links liegenlassen. Man wird im Gegenteil im wahrsten Sinne des Wortes jeden Augenblick daran erinnert. Aber transzendentale Einsicht und eine spirituelle Lebensweise, wie man sie besonders in einem indischen *āshrama* erwerben und kultivieren kann, ließen mich dieses leidige Problem, das mir zwischenzeitlich sehr »auf den Geist« ging, fast gänzlich transzendieren. Und von da an ging's dann auch wieder zu Hause langsam, aber stetig bergauf. So wurde wieder gleichzeitig ein karmischer Knoten gelöst und eine Lektion, diesmal in Geduld, erteilt.

Zwei Jahre vor dieser Augengeschichte durchlebte ich den Höhepunkt einer jahrzehntelangen Qual von krankhaften monatlichen Zuständen mit schmerzhaften Krämpfen und geradezu gefährlichem Blutverlust. Ein konstanter, auch medikamentös gar nicht mehr zu behebender Eisenmangel war nur einer der daraus resultierenden Schäden. Und obwohl ich mich regelmäßig in ärztliche Behandlung begab, war diesem Übel nicht beizukommen. Bis sich auf einmal, wieder nach einer Pilgerreise, während der ich anscheinend alle sündvollen Reaktionen, dieses Leiden betreffend, durch unbeschreibliche Schmerzen abbüßte, alles wie von selbst löste: Unser Familien-Frauenarzt ging in den Ruhestand, und meine Schwester suchte, auf seine Empfehlung hin, einen anderen Arzt auf, der sie erfolgreich operierte. Daraufhin ließ sich unsere Mutter von ihm behandeln und meldete kurzentschlossen auch mich bei ihm an. Die – wie sich hinterher herausstellte – längst fällige Operation verlief erfolgreich, und ich kann seither alle Energien mühelos in meine spirituelle Entwicklung und den Dienst meiner diversen Aufgaben stellen. Hier ist ebenfalls wieder leicht Gesetzmäßigkeit und Höheres Prinzip zu erkennen.

Und auch schon 1973, nach einem gravierenden Nierenbekkenleiden, hatte ich das Prinzip der Läuterung durch Schmerzen – obwohl noch nicht auf dem spirituellen Weg – erkannt. Ich sollte unmittelbar nach einer schwierigen Operation auf Morphium gesetzt werden. Aber schon nach einer Nacht mit dieser Droge lehnte ich weitere Spritzen ab. Ich wollte lieber die Schmerzen bei vollem Bewußtsein ertragen, denn das schien mir der ganze Sinn dieser Übung zu sein: für die Heilung dieses jahrzehntelangen Leidens mit erneuten, jetzt aber absehbaren und nützlichen Schmerzen, bezahlen zu müssen. Alle waren erstaunt über meine Einstellung, die mir von höherer Warte aus vermittelt worden war.

Als Zwölfjährige erfolgte, noch vor der Blinddarmoperation in letzter Minute, nachdem ich häufig unter akuten Mandelentzündungen litt, die routinemäßige Entfernung dieser eitrigen Störenfriede und somit die Lösung dieses Kinderproblems. Rudolf Steiner, der große Antroposoph und New-Age-Prophet, der unter anderem auch die biodynamische Naturdüngung und viele andere wichtige Errungenschaften höheren Denkens in seinen Schriften bekundet hat, ordnet auch diese Krankheit den karmischen Bedingungen und den nicht überwundenen Ängsten zu. (Dabei erinnerte ich mich an meine Kinder-Wiederholungsträume).

Steiner sagt: »Wie kommt es, daß, wenn der Mensch durch seine Geburt in dieses Dasein tritt, er dabei auch durch sein Karma die Tendenz mitbringt, durch die Überwindung dieses oder jenen Leidens das eine oder andere zu erreichen. Und wie kommt es, daß es Einem manchmal auch gelingt, wirklich Sieger zu sein, die Krankheit zu überwinden und Kräfte in sich aufzunehmen, die ihn höher bringen. Während ein anderes Mal ein Anderer unterliegt und die Krankheit Sieger bleibt?« Und auch er spricht dann weiter von den geistigen Prinzipien, die das Unheilvolle und Krankhafte im Menschenleben jeweils möglich machen.

Mir waren diese tieferen Zusammenhänge damals freilich nur latent bewußt. Aber ich habe dennoch nach jeder Genesung darin einen geistig-läuternden Fortschritt für mich – innerhalb meiner ganz individuellen evolutionären Entwicklung – erkannt. Der Unterschied zu meiner heutigen Sicht der Dinge ist lediglich, um es auch nach den Lehren der vedischen Philosophie zu deuten, daß ich durch die Heilung meiner somatischen Gebrechen nun auch die Heilung meiner Psyche erkenne. Diese positive Wirkung kommt jedem zugute, der in seiner Weltsicht den Sprung vom Endlichen zum Unendlichen vollzogen hat und seine Existenz als kosmologisch-gepoltes, ganzheitliches Langzeitprogramm begreift.

Wenn heute, um auch diesen heiklen Punkt noch zu umreißen, Alkoholkonsum für mich ein absolutes Tabu darstellt, so stand ich früher diesem Problem weitaus liberaler gegenüber. Aber es gelang mir zum Beispiel nie, etwa auf Parties, wo man sich mittels solcher Getränke schwelgerisch in eine heiterere, gehobenere Stimmung versetzen will, mich diesem allgemeinen Vorgang anzupassen. Bei mir bewirkte Alkohol immer genau das Gegenteil. Denn ich sah aus meinem künstlich veränderten Wahrnehmungsgefühl plötzlich alles um mich herum erschreckend glasklar. Und wurde dabei zusätzlich noch von den erstaunlichsten Erkenntnissen und Ahnungen eingeholt, die diesen Blickwinkel noch verstärkten. Ich wollte bloß noch weg, bloß nach Hause, wo ich mich meist übergab und in den Schlaf heulte. Damals empfand ich das oft als Handikap, als Ausgestoßensein. Bis ich viel später realisierte, was für ein Privileg, für eine Gnade es war, sich nichts »schöntrinken« zu können, nicht fähig zu sein, in diese Illusion zu fliehen.

Nachdem ich mich dann 1980 mit den vedischen Schriften auseinandersetzte, an den Meditationen und Programmen des *Bhakti-Yoga*-Zentrums teilnahm und meinen Körper bewußt zu einem spirituellen Instrument zu entwickeln versuchte, wurden jede Art von Alkohol ebenso wie Nikotin, Drogen oder sonstige Stimulantien ohnehin rigoros abgesetzt. Und es fiel mir überhaupt nicht schwer. Ich durchlitt auch keinerlei Qualen oder Gewissenskonflikte durch irgendwelche Entzugserscheinungen. Ich spürte vielmehr in allem die innere Führung, die mir diesen Pfad der Enthaltung zuwies. Der – wie alle Vorgänge in der Erscheinungsweise der Reinheit oder Tugend – am Anfang wie Gift erscheint, sich dann aber als Nektar erweist. Ganz im Gegensatz zu den Dingen in der Erscheinungsweise der Leidenschaft (*raja-guna*), wo beispielsweise zunächst alles wie Nektar wirkt, sich im Laufe der Zeit aber zu Gift entwickelt. Und je mehr ich diesen Pfad der inneren Reinigung fortschritt, desto mehr befreite sich auch mein Körper von allem Unreinen und Kranken.

So habe ich, seit ich Vegetarier bin, nicht mehr unter Nierensteinen zu leiden. Früher konnte ich alle drei Monate einen neuen dieser kleinen, scharfzackigen Quälgeister in die eigens dafür mitgeführte Pillendose legen. Und auch die oft tagelangen Migräneanfälle mit Erbrechen und Arbeitsunfähigkeit verschwanden. Und die praktizierten Yogaübungen, das Chanten und die *mantra*-Meditation entschädigten mich damals wie heute reichlich, weil sie meinen Reifungsprozeß als Gegenbewegung in Gang setzten und sich generell, wie man in vielen Yogabüchern nachlesen kann, auf die Gesamtpersönlichkeit positiv und wohltuend auswirken.

Darüber kann man auch in den *Upanishaden* Entsprechendes nachlesen. So wie es zu dieser vielschichtigen Lehre der Selbsterlösung des einzelnen noch manche andere schriftliche Überlieferung aus Urzeiten gibt. Wie etwa das *Mahābhārata,* diese uralte religiöse Historie des alten Indien, von der die *Bhagavadgītā* ein Teil ist. Aus diesem Buch stammt auch der Lehrsatz, daß man jede Arbeit vollbewußt und mit ganzer Konzentration als Opfer für Shri Vishnu ausführen soll. So daß die Bewältigung des Alltags zu *Karma-Yoga* (Handeln zur Zufriedenstellung des Höchsten Herrn) wird. Und mit dieser Zielstrebigkeit nicht nachlassender Konzentration entwickelt man ganz automatisch auch die höheren Fähigkeiten, um zur Selbstverwirklichung, wenn auch auf einem langwierigeren Weg, zu gelangen. *Bhakti-Yoga* ist dagegen der direkte Weg: der allgemeine Dienst für den Höchsten Herrn, Shri Krishna.

Das im Westen sehr verbreitete *Hatha-Yoga* lehrt dagegen ganz bestimmte Körperübungen, welche die Chakras, die Kanäle zu den feinstofflichen Bereichen, nach und nach öffnen und damit die Scheinwerfer des Bewußtseins immer mehr aufleuchten lassen. Es gibt viele Variationen auf dem Weg zur Selbstverwirklichung. Aber die Grundregeln sind eigentlich immer die gleichen. Wenn einmal die oberen Chakras geöffnet sind – so lautet die Lehre – wird man immer mehr Herr über die Sinne und damit auch zunehmend über seine schöpferischen Schicksalskräfte, die letztlich in den Dienst des Herrn gestellt werden müssen. Dies ist mit wenigen Worten der Weg, der über das Höhere Selbst zurück zu Gott oder Shri Krishna führt.

Jedes menschliche Individuum ist in der Welt, um innerhalb seiner evolutionären Entwicklung diesen Weg zu gehen. Shrila Prabhupada, der 1966 die ISKCON (Internationale Gesellschaft für Krishna-Bewußtsein) gründete, um dem Suchenden auf diesem Weg behilflich zu sein, hatte übrigens zur geistig-spirituellen Entwicklung des einzelnen einen treffenden Vergleich: »Wenn man im Schatten verbleibt, kann man die Vorteile, die das Licht bringt, nicht genießen. Wenn man jedoch im Licht ist, kann man durch die Dunkelheit der Schatten nicht mehr gestört werden.«

In einer vergleichenden Studie, die er zu den Lehren Jesu Christi anhand von Bibelzitaten aufstellte, meinte er: »Ich denke, die christlichen Priester sollten mit der Bewegung für Krishna-Bewußtsein zusammenarbeiten. Sie sollten viel mehr den Namen »Christus« (oder Kristos = Krishna) chanten und aufhören, Tiere zu schlachten. Dies entspricht den Lehren der Bibel. Es ist nicht meine selbsterfundene Philosophie. Die westlichen Menschen haben das Evangelium und die christliche Lehre, würden sie wirklich danach handeln, würde sich die ganze Weltlage verändern...«

5

Deshalb mache den Geist stetig
und nimm zur Kenntnis,
daß nichts in dieser Welt
von Ewigkeit ist.
Shrila Rupa Goswami

Ein Auftrag als Bewährungsspiel

Nach meiner *Hari-nāma*-Einweihung, die ich von HDG Harikesha Swami Vishnupada, einem Schüler Shrila Prabhupadas, 1982 erhielt, wurde mir von ihm – meinem spirituellen Lehrer – die Aufgabe gestellt, alle mir zur Verfügung stehenden Fähigkeiten, Bemühungen und Möglichkeiten in den Dienst einer Wohlfahrtsarbeit zu stellen.

Nach längerem Abwägen und vielen vorbereitenden Gesprächen und Überlegungen begann ich mit der Gründung des Fördervereins »Goldener Lotus« Hilfswerk Bengalen. Wobei eine Freundin ebenfalls eine Schülerin Shri Vishnupadas – bei dieser über ein Jahr dauernden Vorarbeit mit vielen Behördenlaufereien und unendlichem Papierkrieg mir unschätzbar große Hilfe leistete. Während ich nämlich weiterhin Gastspiele und Tourneen nach meinem langfristigen Terminplan absolvierte, bereitete sie – inzwischen mehrfache, glückliche Mutter – den ganzen Wust von Behördenkram nebst allen notwendigen Besuchtsterminen, die für eine Vereinsgründung unerläßlich sind, gewissenhaft und gründlich vor. Und dirigierte mich entsprechend.

Ich hatte mir bereits im indischen Landstrich Mayapur, Distrikt Nadia, Westbengalen, bei meiner vorangegangenen zweiten Pilgerreise, das »Shri Mayapur-Projekt« des aktiven »Shri Mayapur Project Development Trust« ausgewählt, an dem ich mich in eigenständiger Form beteiligen wollte.

Dieses Entwicklungsprojekt arbeitete seit fünfzehn Jahren und leistete sehr effiziente Aufbauarbeit in einem Gebiet von ungefähr 100 Hektar erworbenem Land sowie der Betreuung von mehreren Dörfern. In dieser noch völlig unerschlossenen Gegend wurden neue Wohn-, Arbeits- und Lebensmöglichkeiten für Bedürftige, darunter auch für Flüchtlinge aus Bangladesch, geschaffen. Es sollte eine Art autarker Dorfgemeinschaften entstehen, eigenständige Kommunen mit Schulen, Hospital und den verschiedensten notwendigen Handwerksbetrieben.

Inzwischen habe ich mich mit einer neugegründeten Stiftung, dem »India Relief and Welfare Trust« völlig verselbständigt. Ich konnte – nicht zuletzt durch meinen Hindu-Namen »Koumadaki devi dasi«, was in Indien außerordentlich hochgeschätzt wird – drei honorable Geschäftsleute (einen Advokaten, einen Bücherrevisor und einen großen Bauunternehmer) ehrenamtlich für dieses Vorhaben gewinnen. Diese Herren stehen auch persönlich dafür gerade, daß alle Spendenmittel vor Ort satzungsgemäß verwendet werden. Mein Bestreben war es ja immer, alle Zuwendungen ohne jeden Abzug für irgendwas gezielt nur für das einzusetzen, wofür sie gedacht waren. Ich finde, das bin ich dem Spender schuldig. Und anfallende Kosten kann ich selbst decken, dafür arbeite ich schließlich. Und meine indischen Gentlemen sehen das genauso.

Als ich ihnen einmal klarmachte, es sei in unseren Breiten legal, von Spenden 75 Prozent für Verwaltungsangelegenheiten abzuschreiben, gipfelte ihr anfängliches Erstaunen in der berechtigten Feststellung, was für ein gutes Geschäft Wohltätigkeit bei uns doch sei. Auch in Kalkutta, dem Sitz unseres Trusts, sind die behördlichen Kontrollen äußerst streng. Allein schon deshalb, weil Devisen-Einfuhren, wenn sie überhaupt genehmigt werden, ganz besonders unter die Lupe kommen. Gar nicht erst davon zu reden, wenn sie steuerfrei verwendet werden dürfen.

Der Papierkrieg war auch hier entsprechend. Und dauerte trotz der guten Verbindungen der Herren wieder eineinhalb Jahre. Aber diesmal war mir die Arbeit gänzlich abgenommen worden, ich brauchte lediglich abzuwarten.

Derzeit leben und arbeiten in dem betroffenen Gebiet, das 24 Dörfer umfaßt, etwa 30000 Menschen, die sich vornehmlich als Handwerker, Bauern und Tagelöhner betätigen. Der ungefähr alle fünf Jahre vom Hochwasser heimgesuchte Landstrich soll natürlich auch durch die vom Projekt aufzubauende Infrastruktur auf lange Sicht durch diese Naturkatastrophen möglichst nicht mehr geschädigt werden.

Wenn man sich für eine solche Wohlfahrsorganisation einsetzt und mit seinem Namen dafür bürgt, sind ganz automatisch auch vielerlei Public-Relations-Aktionen mit entsprechenden Verbreitungsmethoden wichtig und vonnöten. Und auch dabei war es immer wieder eine starke innere Führung, die mir im entscheidenden Moment weiterhalf und die richtigen Helfer zum gegebenen Zeitpunkt zuführte.

Nach vedischen Grundsätzen befindet sich ja – wie bereits kurz erwähnt – auch Wohltätigkeit in den verschiedenen Erscheinungsweisen. Wobei die Erscheinungsform der Reinheit oder Tugend, wo selbstlos dienender Einsatz die Motivation ist, die erstrebenswerteste darstellt. Wer dagegen zum Beispiel einem »Wermutbruder« ein Almosen gibt, der es dann nur dazu verwendet, sich weiteren Alkohol zu verschaffen, handelt in der Erscheinungsweise von *tama-guna* (Unwissenheit) und muß sogar einen Teil der daraus resultierenden, schlechten karmischen Reaktionen tragen. Und in der Erscheinungsform der Leidenschaft ist Anerkennung und Gegenleistung die Bedingung des Gebenden.

Für mich gab und gibt es immer wieder überraschende, unerwartete fremde Hilfe, die mich trotz vieler Schwierigkeiten jedesmal besonders und aufs neue motiviert. Naheliegend ist auch, daß ich sehr oft gefragt werde: »Weshalb gerade dieses Entwicklungsprojekt? Warum ausgerechnet in Indien und warum in diesem Gebiet von Westbengalen?« Manche Spender wollen von mir auch von Zeit zu Zeit genauere Angaben darüber, was in ganz praktischer Weise mit ihren Geldern geschieht. Mein Vorschlag ist deshalb immer, doch einmal Urlaub in diesem Gebiet zu machen, sich selbst an Ort und Stelle über dieses ganz besonders schöne Land und seine frommen, friedliebenden, einfachen und dankbaren Bewohner zu informieren. Was bei einigen allerdings wegen der praktisch nicht vorhandenen »Freizeit« auf geringes Echo stößt. Aber viele sind auch interessiert an dieser sehr persönlichen Art der – wie ich finde – gegenseitigen »Entwicklungshilfe«.

Für mich gilt inzwischen ohnehin, daß alles, was über meine Lebenshaltungskosten hinausgeht, vorbehaltslos in den Dienst dieser Sache gestellt wird. Zu Beginn meiner Tätigkeit konnte ich zum Beispiel meinen im Salzburger Land erworbenen Bauplatz mit gutem Gewinn verkaufen und in den Grundstock für das indische Projekt ummünzen. Denn meine Aufgabe besteht ja darin, nicht nur meine Arbeitskraft, sondern auch jegliche Form erworbenen Gutes, das ich entweder auftreiben oder erübrigen kann, einzubringen.

Menschen, die noch stark an die materielle Stofflichkeit dieses irdischen Daseins gebunden sind, schütteln über so viel – wie sie meinen – törichte Vernunftlosigkeit erstaunt den Kopf. Aber damit kann ich leben. Mein Motiv, das habe ich inzwischen genau analysiert und immer wieder reflektiert, soll unter allen Umständen uneitel und selbstlos sein. Und selbst wenn es eines Tages keine Spenden mehr geben sollte, keine zur Verfügung gestellten Schlauchboote, Transportgeräte und andere wichtige Gebrauchsgegenstände, werde ich mich weiter um diese Aufbauarbeit kümmern. Allen Argwöhnischen und Neidischen zum Trotz, die mir – auf welche Art auch immer – unlautere oder verschleierte Motive unterzuschieben versuchen.

Übrigens wird auch der Ertrag aus diesen autobiographischen Aufzeichnungen dazu beitragen, mein Vorhaben zu unterstützen. Für mich gilt auch hierbei: Der Weg ist das Ziel. Ich kann mich über Hindernisse, die mir bei meinen Hilfsaktionen in den Weg gelegt werden, zwar beklagen. Zugleich aber nichts anderes tun, als sie wieder aus dem Weg zu räumen und die eingeschlagene Richtung weiterzugehen.

Mein spiritueller Lehrer hat diesbezügliche Aufgaben einmal mit dem Satz umrissen, daß es letztlich nicht das Ergebnis und die Größe der geleisteten Arbeit sei, die den Ausschlag gibt, sondern vielmehr der Einsatz und die Bemühung an sich, die in den Dienst einer Sache gestellt wird, die einzig und allein zur Zufriedenstellung der Höchsten Persönlichkeit Gottes ausgeführt wird.

Es gibt einen sehr treffenden Ausspruch Shri Krishnas in der *Bhagavadgītā,* der sinngemäß lautet: »Ergib dich einfach mir. Ich werde alles, was du hast, beschützen und für alles, was du brauchst, Sorge tragen.« Diese These gilt natürlich ebenso in allen übrigen spirituellen Lehren, auch in der christlichen. Es ist ein Kernsatz, der in dem Bibelwort vom Sperling auf dem Felde, der nicht säet und nicht erntet und dennoch vom himmlischen Vater ernähret wird, ausgesprochen wird.

6500 Kilometer von zu Hause entfernt, eingefangen vom indischen Fluidum und all den unnachahmlichen Eindrücken dieses orientalischen Landes mit seinen extremen Lebensbedingungen zwischen Mittelalter und Neuzeit, zwischen der materiell armen und spirituell unglaublich reichen Bevölkerung, in den Millionenstädten Delhi und Kalkutta, mache ich mich nun immer wieder auf den Weg, diese mir gestellte Aufgabe so gut wie möglich auszuführen. Dazu gehören Besuche auf Ämtern und Konsulaten ebenso wie meine – von den Einheimischen lautstark begleiteten – Fahrradtouren in sengender Hitze von Dorf zu Dorf. Die herrschende gegenwärtige Situation ist ja lediglich das Ergebnis von politischer Mißwirtschaft und kolonialer Ausbeutung.

Durch die geleistete Hilfe soll allmählich die Selbstversorgung sichergestellt werden. Neue Handwerksbetriebe und kleine Industrieunternehmen sollen dazu entstehen, um die grundlegenden Notwendigkeiten für den Lebensbedarf autark anzufertigen.

Daß diesen Betroffenen innerhalb ihres derzeitigen Daseins im Konzert der karmischen Fügungen während dieses Lebenstanzes solch existenzbedrohende Umwälzungen zustießen, hat natürlich präexistenten Ursprung und somit eine tiefere Bedeutung. Doch hier gilt einzig und allein das hohe Gesetz tätiger Hilfe, bei der mit dienender Liebe und dem Einsatz von gestalterischen Kräften unsererseits diese Herausforderung zur Hilfeleistung angenommen werden muß. Wir, denen es – zumindest vorläufig – wirtschaftlich um so vieles besser geht, sind deshalb zur Teilung dieses Wohlstandes moralisch verpflichtet.

Als ich im Jahr 1983 mit dem »Shri Mayapur Projekt« zum ersten Mal konfrontiert wurde, war mir sofort klar: »Das ist es! Hier will ich mithelfen und daheim möglichst viele Spenden sammeln.« Und 1984 war ich dann bei meinem nächsten Besuch in einer weitaus besseren Situation, mit der Zusage für den Förderverein in der Tasche. Und so fuhr ich – immer im Sari, um möglichst wenig aus dem Rahmen zu fallen – auf einigen dieser Touren mit den indischen Helfern des Projektes mit, um bei der Nahrungsverteilung dabeizusein, mitzuhelfen und gleichzeitig zu fotografieren. Da es eine Menge Menschen sind, die so gespeist werden, müssen die Lebensmittel – wie etwa Weizen gekocht in Sojaöl – in großen Wannen zubereitet und dann verteilt werden.

In diesem Zusammenhang habe ich schon bei der Europäischen Gemeinschaft versucht, an die – für Überschüsse zuständige Stelle – zu kommen, um Hilfssendungen wie etwa Milchpulver oder Butterfett freizubekommen. Ich war deswegen auch im Bundeshaus in Bonn und erlebte dabei eine Variante der Valentiniade vom »Buchbinder Wanninger«, der von einer Stelle zur anderen geschickt wird, bis er schließlich wieder am Ausgangspunkt landet. Aber ich habe diesbezüglich noch nicht resigniert. Denn es müßte doch bei solch einem Überschuß an Nahrungsmitteln (die uns täglich Millionen Lagergebühren kosten) eine Stelle geben, die in den Verwaltungsapparat eingreifen kann und will, um einen Bruchteil dieser gehorteten Vorräte unserer Überflußgesellschaft zum Wohle anderer umzuleiten. Auch hierin, so möchte ich folgern, ist unser krankes, materialistisch motiviertes, unsoziales System zu erkennen, bei dem man vor lauter Wald – sprich Verwaltungsapparat – die Bäume – in diesem Fall die Notwendigkeit der Hilfeleistung – nicht mehr sieht.

Als ich damals im Jeep mit den Helfern unterwegs war, um Grundnahrungsmittel zu verteilen, versuchte ich mich immer so weit wie möglich im Hintergrund zu halten. Um das einerseits sehr beglückende und wohltuende, wenn auch zwiespältige Empfinden, diese Menschen in ihrer Bedürftigkeit hautnah zu erleben, auf mich wirken zu lassen. Mich haben diese Tage innerlich lange bewegt. Dieses mystische Erleben, das man anderen kaum als Bewußtseinssphäre mit weltlichen Ausdrucksmöglichkeiten mitteilen kann, hat mir dabei auch bestätigt, wieviel dieser Auftrag der gelebten Wohltätigkeit bedeutet.

Natürlich konnte ich von den – inzwischen vom Projekt unterstützten – 24 Dörfern nicht alle besuchen. Meine körperliche und zeitliche Kapazität reichte lediglich – als repräsentativer Querschnitt – für fünf von ihnen. Es war schwülheiß und feucht zu dieser Zeit, man hatte keinen trockenen Faden mehr am Körper. Bei mir bildeten sich zudem überall, wo Stoff die Haut berührte, unzählige Wasserblasen. Eine große Gefahrenquelle für Entzündungen.

Für mich als Mitteleuropäerin waren diese klimatischen Bedingungen natürlich besonders anstrengend. Von einer Stunde zur anderen prasseln plötzlich die Monsun-Regengüsse wie aus Schleusen herab, und im Nu steht die ganze Gegend einen halben Meter unter Wasser. Was kann man anderes tun, als so lange durch die Wasserfluten zu waten, bis sie das trockene und durstige Erdreich aufgesogen hat? Die Einheimischen, die solchen Witterungseinflüssen gelassen gegenüberstehen, nehmen das alles gottergeben und fröhlich hin. Sie beschweren sich keinesfalls, sondern warten einfach geduldig ab, bis die Bedingungen wieder angenehmer werden. Der Regen ist ja auch dringend vonnöten. Alles lebt auf, grünt und sprießt.

Bei einem meiner letzten Besuche im Projektgebiet führte man mich zu Einheimischen, die bei der letzten Flut ihre Häuser – einfache Strohhütten – verloren hatten. Ich konnte jeder der beiden Familien umgerechnet 100 Mark übergeben, wovon ihre Behausungen wieder neu – und sogar aus Wellblech – errichtet werden konnten. Hieraus ist leicht ersichtlich, wie angebracht jede einzelne Spendenmark ist und wie sie hier sogleich in tätige Hilfe umgesetzt werden kann.

Natürlich sind innerhalb eines solchen Projektes, das in Partnerschaft mit einem indischen Trust gesponsert und verwaltungstechnisch überwacht wird, auch viele andere Aktivitäten im Programm, die ich nicht alle überschauen kann. Aber ich kenne das Langzeitvorhaben, die Satzung und die Mitarbeiter ebenso wie die bisher geleistete Arbeit und kann deshalb sagen: Hier ist Gottes Segen wirksam.

So, wie ihn auch die weltweit geschätzte Mutter Teresa von ihrem Missions-Mutterhaus in Kalkutta aus, in dem sie seit 1950 als Missionarin der Nächstenliebe Sterbenden und Kranken von der Straße ein menschenwürdiges Ende ermöglicht, verteilt. Inzwischen hat sich ihr Tätigkeitsfeld über viele Kontinente in Städten mit Elendsquartieren ausgedehnt. Sie gehört zu den großen christlichen Leitbildern angewandter Fürsorge und Nächstenliebe und ist wohl in einem Atemzug mit Albert Schweitzer zu nennen, der in der ersten Hälfte dieses Jahrhunderts vorlebte, was Christus meinte.

Für den Urwalddoktor habe ich als junges Mädchen einige Zeit derart geschwärmt, daß ich darüber sogar meine Theaterbesessenheit aufgeben und Missionsschwester werden wollte, was meine Mutter allerdings mit Hinweis auf meinen Gesundheitszustand zu verhindern wußte.

Es ist daher nur naheliegend, daß ich den Wunsch verspürte, Mutter Teresa einmal in ihrem »Missionshaus of Charity« in der

Lower Circular Road aufzusuchen, um mich persönlich mit dem mir zugeteilten Auftrag bei ihr vorzustellen und den einen oder anderen Rat oder Hinweis zu erbitten. Leider war sie aber bei meinem spontan eingeschobenen Besuch auf Auslandsreise. Ich konnte lediglich mit einigen europäischen und indischen Schwestern sprechen. Das war 1985. Und ich erhielt einige Zeit darauf einen sehr liebevollen persönlich gehaltenen Brief von Mutter Teresa, in dem sie mir für meine Arbeit dankte und Gottes Segen wünschte.

Es gibt übrigens eine aufschlußreiche Studie über die Spendenfreudigkeit der Deutschen, die 1988 vom Südwestfunk in einer Reportsendung ausgestrahlt wurde. Verallgemeinernd könnte man daraus zitieren: Die Deutschen spenden viel. Aber nur 19 Prozent regelmäßig. 38 Prozent hin und wieder, wenn durch Katastrophen dazu aufgerufen wird. 26 Prozent der Bevölkerung kann sich nur selten dazu aufraffen und 16 Prozent, so sagt diese Statistik, spenden nie.

Meine Arbeit auf diesem Gebiet wird – man mag es kaum für möglich halten – ausgerechnet von »christlicher« Seite mit allen Mitteln boykottiert, ja man versuchte sogar, sie zu verhindern. Von einer Seite, der eigentlich »liebe deinen Nächsten wie dich selbst« aufs Banner geschrieben sein sollte. Aber es gibt da in Bayern einen sogenannten »Scktenbeauftragten« der evangelischen Kirche, der es sich persönlich zum Ziel gemacht hat, in inquisitorischer Manier zu bestimmen, was rechtens ist und somit erlaubt und was nicht. Und der hat entschieden, meine Motivation zu helfen sei keine christliche, also somit unrechtens. Und deshalb müsse auch mit allen Mitteln verhindert werden, meiner Hilfsorganisation Spenden zukommen zu lassen. Der Aktionskreis dieses Pfarrers schreckt dabei vor anonymen Drohbriefen und ebensolchen Anrufen bei Spendern und Mitarbeitern ebensowenig zurück wie vor verleumderischen Veröffentlichungen und bewußter Verdrehung meiner Auskünfte oder vor nachweisbar unwahren Aussagen, sogar vor Gericht.

Grund genug dafür ist für jenen »Sektenbeauftragten« die Tatsache, daß ich eingeweihte Schülerin eines spirituellen Meisters der ISKCON bin und *Bhakti-Yoga* praktiziere. Weshalb mein »Goldener Lotus« selbstverständlich nichts anderes als eine »Sekten-Tarnorganisation« sei und die Spenden für ganz andere Zwecke als angegeben verwendet würden, ja sogar in »dunkle Kanäle« flössen. Hand in Hand mit den bereits erwähnten unlauteren Methoden erfolgten diverse Strafanzeigen gegen mich wegen »Spendenmißbrauchs«, »Urkundenfälschung« etc. sowie Anzeige beim Finanzamt, mit dem Ziel, dem Verein die Gemeinnützigkeit zu entziehen.

All diese Anschuldigungen und Maßnahmen wurden aber natürlich bald eingestellt und auch der Vereinsstatus blieb nach eingehender Prüfung aller Unterlagen erhalten. Was immer dabei an Diffamierungen und Schmutz, meine »Vergangenheit« betreffend, über meine Person verbreitet wurde und wird, tangiert mich längst nicht mehr. Das kann ich sogar leicht ignorieren. Aber was die Anschuldigungen der kriminellen Handlungen bei meiner Wohltätigkeitsarbeit betrifft, so sah ich mich gezwungen, schon um diese Verleumdungen wegen der Spender aus der Welt zu schaffen, gerichtlich vorzugehen. Ich prozessierte also gegen diesen »Religionsverfolger neuen Stils«, wie der »Sektenbeauftragte« laut einem Gerichtsurteil genannt werden darf, und gewann. Es wurde ihm in erster Instanz bei einer Geldbuße von 500000 Mark oder ersatzweiser Ordnungshaft untersagt, seine Behauptungen aufrechtzuerhalten beziehungsweise weiter zu verbreiten. Was ihn jedoch keinesfalls davon abhielt, einen Reporter auf mich anzusetzen, dem ich bei unserem Zusammentreffen in einem Schwabinger Café spontan auf den Kopf zusagte, woher er kam und daß ich unter den gegebenen Umständen nicht gewillt sei, ihm Auskünfte zu erteilen. Das Ergebnis war nichtsdestotrotz ein mit falschen Bildunterschriften versehener, von Anfang bis Ende unrichtiger und verdrehter Monster-Artikel, der mir erneut Spendenmißbrauch vorwarf, mit der Überschrift »Die Geldbeschafferin der Hare-Krishna-Sekte«. Also wieder mal keine andere Möglichkeit, als vor Gericht zu gehen.

Seit ich mich entschlossen habe, Wohlfahrtsarbeit zu leisten und noch dazu Yoga praktiziere, finde ich mich in Prozesse verstrickt. Ironie des Schicksals. Was für ein Arbeits- und Energieaufwand, den ich so viel nützlicher anwenden könnte! Und in diesem Fall kann auch das Karma-Gesetz keine Anwendung finden, denn es handelt sich bei dieser Tätigkeit um Yoga, also hingebungsvollen Dienst, der als *akarma* (Handlungen, die kein Karma erzeugen) ausgeführt wird. Ich sehe es also als eine weitere Lektion der Läuterung, um zum Beispiel meine »Feinde« zu lieben und Verleumdung und Blasphemie zu tolerieren und einem höheren Richter zu überlassen. Außerdem lerne ich natürlich in jeder Hinsicht enorm dabei. Beispielsweise »Freund« und »Feind« einzuschätzen, zu beurteilen und dementsprechend zu handeln. Traurig macht mich dabei nur, daß eine Religionsverfolgung dieser Art heute überhaupt noch möglich ist. Haben wir aus der jüngsten Vergangenheit, die wir so bemüht sind, zu bewältigen, wirklich nichts gelernt?! Ich will es einfach nicht glauben. Denn schon Emanuel Swedenborg (1688-1772) sagte seinerzeit zu diesem Thema: »Die verschiedenen Lehren sind in Gottes Augen kein Grund für die Unterschiede zwischen den Kirchen. Machte man die Gottes- und Nächstenliebe zur Hauptsache des Glaubens, so überließe man die verschiedenen Auffassungen über die Lehre dem Gewissen des Einzelnen und aus allen Kirchen würde eine einzige werden. Aller Zwist würde verschwinden und das Reich Gottes auf Erden entstehen.«

Und Shri Krishna sagt in der *Bhagavadgītā* zu dem zunächst kampfunwilligen Arjuna: »Deshalb weihe all deine Tätigkeiten Mir und kämpfe, o Arjuna, mit vollem Wissen über Mich, ohne Verlangen nach Gewinn, ohne Besitzanspruch und frei von Gleichgültigkeit.«

Als ich den »Sektenbeauftragten« im Mai 1987 beim OARCA-Kongreß in München, wo ich gebeten worden war, als Referentin einen Vortrag über vedische Philosophie zu halten, zum zweiten Mal traf, schlich der Pfarrer – immer in Räuberzivil – Notizen machend durch die Gänge. Von der Kongreßleitung als

»notwendiges Übel« anscheinend geduldet. Ich sprach ihn darauf an, daß er nach unserer ersten Unterredung meine Auskünfte und Erläuterungen förmlich ins Gegenteil verdreht hatte, und verwahrte mich in ziemlich deutlichen Worten gegen seine Vorgehensweise.

Zu dieser, von meiner Seite mit Nachdruck geführten Konfrontation, die von einigen Umstehenden mit unverhohlener Genugtuung beobachtet wurde, gesellte sich auch eine Journalistin, die mich um ein Interview für eine alternativ geführte Zeitschrift bat. Sie hörte ziemlich erstaunt und zunächst schweigend dem Disput zu und mischte sich schließlich etwas spöttisch ein, indem sie sagte: »Mein Gott, Herr Pfarrer, nun schaun Sie sich doch diese Frau, die Sie so blindlings verfolgen, einmal etwas genauer an. Besitzen Sie denn so wenig Menschenkenntnis, daß Sie nicht erkennen, was für eine gute Ausstrahlung sie hat? Sie verfolgen die falsche Seite!« Dabei blickte sie ihn eindringlich an. Der Angesprochene hastete daraufhin, wie von der Tarantel gestochen und sichtlich verstört, die Treppe zur Galerie des Festsaales hinauf. Die Journalistin lachte kopfschüttelnd und bemerkte leicht zynisch: »...fehlt nur noch der Pferdefuß!« Dann kommentierte sie seine etwas sinistere Aura und spekulierte aus ihrer esoterisch geschulten Sicht, daß die Figur, die sich hinter diesem Sektenjäger verbirgt, gewiß schon in einem früheren Leben in der Inquisition eine makabere Rolle gespielt habe. Daß der Krug aber immer nur so lange zum Brunnen ginge, bis er – nach uraltem Gesetz und wie es das Sprichwort sagt – endlich bricht.

Seltsamerweise benützte der Chefredakteur eines großen esoterischen Magazins eine ganz ähnliche Formulierung, als er über meinen gewonnenen Prozeß in dieser Sache berichtete. Er schrieb: »...der Großinquisitor der Evangelischen Kirche Bayerns.« Mehr Raum und Zeit für diese leidige Angelegenheit mit dieser sichtlich dunklen Gegenströmung möchte ich erst gar nicht verschwenden. Ich kann darin lediglich einen jener unsichtbar ausgefochtenen Kämpfe lichter und dunkler, dämonischer Kräfte erkennen, wie sie derzeit in erhöhtem Maß im Gange sind. Das ließ sich auch aus meinen augenblicklichen astrologischen Konstellationen ablesen, wie mir Frau Dr. Gruber zu verstehen gab. Die allerdings in ihrer Prognose davon ausgeht, daß zuletzt doch die lichte Seite gegen die negativen Machenschaften von Verleumdung und Falschheit den Sieg für die gerechte Sache davontragen wird.

Für mich besteht ohnehin keinerlei Grund zur Resignation. Auch wenn eine derzeit wirksame Mond-Merkur-Quadratur im 1. Haus, durch einen Uranus-Neptun-Durchgang, sich noch eine gewisse Zeit negativ auswirken mag – sozusagen die astrologische Entsprechung zu dieser Kampfsituation. Meine Intention, mich mit persönlichem Einsatz und eigenen Mitteln für das begonnene Werk einzusetzen, kann so nicht untergraben werden.

Auch in diesem Mai 1989 bin ich gebeten worden, auf dem OARCA-Kongreß, der diesmal unter dem Thema »Esoterik im Alltag« steht, ein Referat zu halten. Ich werde dabei die eben angeführten Machenschaften, aus vedischer Sicht gesehen, zum Thema meines Vortrags machen.

Für mich war ja, wie bereits mehrmals betont, die »*Bhagavad-gītā* Wie Sie Ist« der Wegweiser, mir in relativ kurzer Zeit spirituelles Wissen anzueignen. Diese, mit den original Sanskrit-Versen belassene, in die jeweilige Sprache übertragene Urschrift ist ein umfassendes Lehrgebäude über das Materielle und Grobstoffliche unseres irdischen Bewußtseins mit seinen verschieden Verhaltensweisen. Allein schon durch die praktische Anwendung des darin gelehrten höheren Wissens im Alltag wird man dieses Bewußtsein entwickeln. Ein evolutionärer Vorgang, der im Ansatz in jedem menschlichen Wesen vorhanden ist und uns im wesentlichen vom Tier unterscheidet. Weil jeder von uns als ewige spirituelle Seele auf dem Weg zur endlichen, unendlichen Ganzheit oder göttlichen Rückbindung in dieser menschlichen Lebensform nur auf die Wiedererweckung dieser Yoga- (oder Verbindungs-) Praktik wartet. Diese geistige Wandlung kommt bei jedem. Ist jedoch vor allem eine Frage, wie weit in den betreffenden Vorleben dieses innere Programm bereits entwickelt wurde, um das alte, teilweise verschüttete Wissen über die Zusammenhänge von Seele-Geist-Körper wieder aufzugreifen.

Ausgehend von den fünf Elementen, aus denen unsere Erde als Planet und die Lebewesen auf ihr in kosmischer Abhängigkeit zusammengesetzt sind und die als göttliche Energien Erde, Wasser, Feuer, Luft und Äther ausmachen, gibt es für die menschliche Natur auch noch zehn Sinne. Nicht nur jene bekannten fünf, die zum rein irdisch-dreidimensionalen Empfindungsapparat gehören. Beim sogenannten Tod geht dann der feinstoffliche Leib ohne den sterblichen grobstofflichen Körper – als mentaler und astraler Bestandteil der unvergänglichen Persönlichkeit in die jenseitige Sphäre über, um sich dort weiteren Läuterungsvorgängen zu unterziehen.

Auch hier gibt es noch die verschiedensten geistigen Metamorphosen, die dieser feinstoffliche Körper, bestehend aus Geist, Intelligenz und »falschem« Ego, durchzustehen hat. Bis die reine Seele schließlich irgendwann mit ihrem wahren Ego in ihrer eigentlichen, wesensgemäßen Bestimmung verbleibt. Bei einer erneuten Wiedergeburt dagegen, die als karmische Geburtsstunde für die kommende Verkörperung nach höheren Regeln ausgewählt wird, muß an den gleichen Zustand wie zur Todesstunde – als Hypothek des vergangenen Lebens sozusagen – angeknüpft werden. Nur, das äußere Bewußtsein erinnert sich nicht mehr an seine vergangenen Existenzen, wenn sie auch alte Erfahrungen und traumatische Schädigungen für die weitere Entwicklung auf die kommende Wegstrecke mitgeben. Das Unterbewußtsein hat die Wesensessenz aller Erfahrungen aber gespeichert, und mit gewissen Therapien sind solche uralten Erlebnisse wieder abrufbar.

Bei einer neuen irdischen Existenz tritt die Seele erneut in einen Körper ein und wird, den karmischen Bedingungen entsprechend vor neue Aufgaben gestellt, die sie im Laufe des Lebens zu meistern hat. So sinnvoll und logisch verläuft bei jedem einzelnen diese höhere göttliche Regie. Das Gesetz von Karma und Wiedergeburt ist unaufhaltsam. Dazu gehört auch, daß eine, sich im Laufe vieler Leben allmählich selbstverwirklichende Persönlichkeit innerhalb ihrer Vervollkommnung ihre geistig-evolutionäre Entwicklung eines schönen Tages nicht mehr auf Erden fortsetzen muß, sondern den Weg in anderen astralen Ebenen und höher schwingenden Planeten antritt. Denn auf einen einfachen Nenner gebracht ist alles Schwingung, was sich im Kosmos bewegt. Von der höchsten bis zum Gegenpol, der niedrigsten Frequenz, strebt diese sichtbare und unsichtbare Kraft der kosmologischen Ganzheit entgegen. Dies ist der oder gehört zum Inhalt vieler östlicher Religionen, und auch im Christentum – oder vielmehr in der von Christus gelehrten Weltenlehre der Liebe und Versöhnung – gilt dieses Prinzip. Und lediglich der dogmatisch gelehrte konfessionelle Kirchenglaube hat im Laufe der letzten zwei Jahrtausende die wichtigsten Kernsätze, die dieses Gedankengebäude stützen, verstümmelt oder grob verfälscht. Doch das fortschreitende Wassermann-Zeitalter wird den einzelnen für diese urewigen spirituellen Wahrheiten zunehmend aufgeschlossener machen. Viele Seher und Propheten, auch solche aus der Bibel des Alten und Neuen Testaments, zitieren diese jetzt so nahe Epoche als »Goldenes Zeitalter«.

Der bereits angesprochene Umstand, daß man im allgemeinen kein direktes Wissen von seinen vergangenen Existenzformen – ob Bettler oder König, Priester oder Bäuerin – mit in dieses Dasein bringt, unterliegt ebenfalls dem Ursachengesetz und wirkt sich für die noch abzuleistenden Lernprozesse des Betreffenden als ein Akt der Gnade aus. Daß er aber bestimmte Konditionierungen, Ahnungen und ausgebildete Talente, die nur weiterzuentwickeln sind, mitbringt, die zu Reifung oder Behinderung sowie zu allerlei Gebrechen führen und als Lektionen verstanden werden können, gehört ebenfalls zum Allgemeinwissen, wenn man sich mit den Prägungen und Mustern der esoterischen transpersonalen Psychologie der Wiedergeburt auseinandersetzt.

So wie bisher von den Menschen Ahnenforschung betrieben wurde, indem man Stammbäume des familiären Herkommens aufbewahrte, könnte es eines Tages vielleicht üblich werden, individuelle Inkarnationsforschung zu betreiben, um bei diesem fortgesetzten Selbstwerdungsprozeß seine eigene Fährtensuche mit all den vollzogenen Spuren und Stufen von Aufstieg und Fall als persönliches Psychogramm besser durchschauen zu können. Vor allem aber, um die sich dahinter verbergende Täter-Opferrolle karmischer Verstrickungen besser auflösen zu können. Und damit letztlich diesen unendlichen Mechanismus von Geburt und Tod *(smasāra)* durch Erleuchtung zu beenden. Ein wahrlich langwieriger und tiefgreifender Prozeß, dem ausnahmslos – und das ist die Quintessenz dieser kosmologischen All-Lehre – jedes Wesen, ob es nun daran glaubt oder nicht, unabdingbar unterworfen ist. (Dazu möchte ich dem Interessierten ein Büchlein empfehlen, das diese Punkte allumfassend aus vedischer Sicht darlegt und mit dem Titel *Reinkarnation, die umfassende Wissenschaft der Seelenwanderung* von Ronald Zürrer erschienen ist.)

Bis allerdings dieses höhere Register in der Klaviatur des menschlichen Geistes gezogen werden kann, um zu reinerem, höherem, gottgefälligerem Menschentum zu gelangen, muß auch mit dieser Welt an sich noch eine Wandlung und Transformation stattfinden.

Zu diesen hier vorgetragenen und in vielen Schriften festgehaltenen Regeln gehört es auch, daß man durch Meditation und yo gische Übungen, durch *mantras* und Kontemplation seine eige ne Entwicklung voranbringen und ein höheres Informationsbedürfnis entwickeln kann, um dadurch eine bessere und richtigere Haltung anderen Menschen, Lebewesen und der Natur gegenüber einzunehmen. Denn diese Informationen sind als geistige Strömungen um uns vorhanden und zum Abruf bereit. Man muß nur (um es technologisch auszudrücken) den eigenen Bewußtseins-Computer entsprechend dazu programmieren.

Früher waren diese uralten Weisheiten als Wissen nur einem

ausgewählten Kreis von Eingeweihten und Erleuchteten zugänglich und wurden ausschließlich in esoterischen Kreisen als geheimnisvolle überweltliche Philosophie gelehrt. Heute aber sind diese Mysterien der Theosophie, der östlichen Lehren und vieler Bekundungen und Offenbarungen selbst dem Durchschnittsbürger zugänglich. Vorausgesetzt er spürt, daß er als ewige spirituelle Seele neben seinen rein irdisch-materiellen Bedürfnissen insgeheim dringend nach geistiger Nahrung schreit.

Um die Selbstfindung voranzutreiben, sollte man sich zunehmend mit fleischloser Vollwertkost ernähren sowie alle Suchtbedürfnisse aufgeben und sich einschränkenden Regeln aus eigener Erkenntnis und zunehmender Einsicht unterwerfen. Durch diese Maßnahmen fördert man die Evolution und wird zum gottesbewußt lebenden Menschen, vom »Homo sapiens« zum »Homo spiritualis«. Es gibt in diesem Zusammenhang auch wieder ein allumfassendes Bibelwort, das eine ebenso wirksame wie simple Regel enthält. Nämlich: »Was Du nicht willst, das man Dir tu', das füg auch keinem andern zu!« Dieser universelle Leitsatz ist auf alles anwendbar und sollte im Alltag bewußt angewandt und verinnerlicht werden, bis er einem bei der Metaphysik des Handelns in Fleisch und Blut übergeht.

6

Was geboren wird, muß sterben,
was da stirbt, wird neu geboren.
Mensch, du weißt nicht, was du warst,
was du jetzt bist, lerne kennen
und erwarte, was du sein wirst.
Gottfried Johann Herder

Aus den Schatten treten, um ins Licht zu kommen

Im Laufe meiner hier offen und freimütig geschilderten persönlichen Erfahrungen und Erlebnisse gab es immer wieder Stationen, an denen ich innehielt, um meinen Weg zu korrigieren. Es gab Kreuzwege, an denen eine klare Entscheidung verlangt wurde. Dabei fiel es mir meist nicht schwer, die mir durch innere Führung zugewiesene Wegstrecke weiterzugehen. Manchmal fanden jedoch auch innere Konflikte statt, und der Entschluß wurde mir alles andere als leicht gemacht. Aber durch eine innere Reinigung entwickelte sich glücklicherweise mein Reifungsprozeß zunehmend, wenn vielleicht auch von meiner naturgemäßen Introvertiertheit unterstützt. Mit den diszipliniert und bewußt regelmäßig durchgeführten Regeln und Regulierungen sowie der täglichen *mantra*-Meditation wächst zudem auch die spirituelle Empfindung einer geförderten Bewußtseinserweiterung, die unter anderem dieses wunderbare Gefühl von Geborgenheit vermittelt.

Sicherlich kann man in einer einzigen Lebensphase nicht eine solch radikale Kehrtwendung absolvieren, wie dies bei mir geschah, wenn man nicht aus alten Quellen des Wissens und aus vergangenen Existenzen schöpfen kann. Denn es ist ja ein alter Erfahrungswert und ein bekanntes Gleichnis, daß unser Hiersein mit dem Absolvieren einer Schule verglichen wird, in der man seine noch nicht gelernten Lektionen endlich lernen oder nachholen muß. Und zu diesem recht mühsam abzuleistenden Lehrplan gehört es auch, bei besonders schmerz- oder leidvoll empfundenen Ereignissen die erlebte Situation und den vorgegebenen Konfliktstoff zu reflektieren, um bei sich selbst ehrlich zu hinterfragen, warum einem wohl gerade jetzt unter diesen oder jenen erschwerten Bedingungen eine solche Tragödie, solch ein Unglück oder Schmerz widerfährt.

Auch bei mir waren es nur die Krisen und Schwierigkeiten, die mir meinen Weg aus den Sackgassen und Verstrickungen zur Umwandlung gewiesen haben. Dabei war ich wieder fasziniert, wie sich die Begegnungen mit den Menschen meiner Umgebung abspielten, auch mit denen, die mir auf meinem individuellen Erkenntnisweg weiterhalfen oder denen ich in irgendeiner Weise weiterhelfen konnte. Und selbstverständlich geschah dies auch durch Ereignisse, die zunächst kaum einen Sinn ergaben.

Dazu gehört auch, daß ich während der Anfänge meiner *Bhakti-Yoga*-Praxis überdurchschnittliche Aufmerksamkeit bei den bundesdeutschen Presseorganen, in Tageszeitungen, Frauenmagazinen und Illustrierten, erfuhr. Damals war meine Begeisterung für das, was mir widerfahren war, dergestalt, daß ich möglichst jedem davon berichten wollte, aber ich besaß leider noch nicht das Unterscheidungsvermögen, ob und wie ich mich beispielsweise bei der Meditation allein oder in einer Gruppe ablichten lassen sollte oder nicht. Und trotzdem zeitigten ausnahmslos alle zunächst auch noch so negativ oder ungünstig scheinenden Veröffentlichungen letztlich einen positiven Effekt.

So erhielt ich zum Beispiel nach einem solchen – allerdings sehr positiven – Bericht über meine Lebensumwandlung von zwei Düsseldorfer Heilerinnen einen sehr persönlichen Brief, in dem sie ihr Interesse an meiner Art zu leben kundtaten und mir andeuteten, daß man ihnen durch einen medialen Draht angetragen habe, mit mir in Verbindung zu treten. Als ich dann 1986 mit einer Theatertournee nach Düsseldorf kam, traf ich die beiden esoterisch interessierten Damen Helmi und Gabi, beide etwa in meinem Alter und ebenfalls im Berufsleben erfolgreich. Sie waren mir auf Anhieb sympathisch. Auch ihre Kenntnisse von übersinnlichen Zusammenhängen und ihr Wissen über Grenzbereiche beeindruckten mich. Und obgleich sich mein eingeschlagener Weg nicht mit all ihren Anschauungen deckte, machte unser Kennenlernen und die gegenseitige Verständigung Fortschritte, denn auch die esoterischen Erfahrungen und alles, was diese beiden recht selbständigen Vertreterinnen einer höheren Mission auf den Weg gebracht hatten, imponierte mir sehr. Vor allem auch deshalb, weil sie für ihre heilerischen medialen Praktiken keine Honorare nahmen, sondern ihre Tätigkeit ausschließlich als Dienst am Nächsten betrachteten.

Ihre medialen Fähigkeiten, durch einen Kanal mit einem Geistteam in Verbindung zu treten, waren faszinierend, zumal auch die verschiedensten Heilerfolge, von denen mir seitens der Betroffenen berichtet wurde, zu verzeichnen waren. Sie boten mir zudem noch an, sich über ihre Tätigkeit in der Werbebranche für meinen Förderverein »Goldener Lotus« einzusetzen und durch Rat und Tat mitzuhelfen. Aber nach einiger Zeit gab es plötzlich Strömungen, die alles ins Gegenteil kehrten und mich auf einmal daran zweifeln ließen, ob diese Auskünfte von einer unsichtbaren Ebene, die sie teilweise auch über das Planchette empfingen, wirklich aus reinen, unverfälschten Quellen stammten. Dazu kam noch ein bißchen Hin- und Hergetratsche über gemeinsame Bekannte, was mir, wie alle Vorgänge dieser Art, äußerst mißfiel. Und so zog ich mich zurück. Denn jegliche negative Zwischenträgerei ist so weit von den elementaren Grundsätzen einer spirituell angewandten Psychologie entfernt, daß mir meine innere Stimme in solchen Fällen immer wieder rät, derartigen Kontakt zu meiden.

Es schien mir notwendig, jene an sich zunächst so interessante und positive Beziehung zumindest vorläufig wieder abzubrechen. Solcherlei Erfahrungen machen übrigens viele esoterisch interessierte Menschen oder Gruppen, die sich auf den Weg der Selbstverwirklichung begeben haben. Es gehört quasi zum Lernprozeß, weil man auch hier gewisse Unterscheidungen zu treffen hat. Mir war auf einmal klar, daß auf den verschiedenen Astralebenen, von denen aus sich oft diese sogenannten Geistwesen bekunden, natürlich auch Foppgeister und andere – teilweise sogar unerlöste –, Seelen herumirren, die sich über diesen Kanal durch recht unkompetente Äußerungen mitteilen können.

Über diese Phänomene gibt es ja ganz besonders viel Literatur. Und auch die parapsychologische Forschung hat ganz klare Kriterien dafür aufgestellt, wie die reinen höheren Geistwesen von den niederen, noch unwissenden und intriganten oder obszönen Stimmen trennen zu sind. Ich hatte ganz deutlich das Gefühl, einfach nur abwarten zu müssen, weil sich diese Mißverständnisse sicherlich irgendwann aufklären würden. Außerdem hatte ich während unseres bisher erfolgten Gedankenaustausches gewisse Dinge im Verhalten meiner beiden Freundinnen und ihre noch recht irdischen Gewohnheiten moniert. Denn mir war klar, daß man sich, solange man noch raucht, nicht auf Alkohol verzichtet und bewußt Fleisch ißt, nicht so recht in eine reine feinstoffliche Schwingung einpendeln kann. Möglicherweise hatten auch diese von mir wiederholt vorgebrachten Einwände, die ja nicht von mir erfunden, sondern vielmehr zum Lehrinhalt sämtlicher mystischer und transzendentaler Praktiken gehören, dazu beigetragen, die Mißstimmung zwischen uns aufkommen zu lassen.

Als ich aber im Herbst 1988, diesmal zu einem längeren Gastspiel an der »Kleinen Komödie« verpflichtet, wieder in der Stadt war, wurde mir durch einen Freund signalisiert, daß Helmi annahm, ich sei wohl einer Äußerung wegen, die sie zu meiner Mitarbeiterin gemacht hatte, beleidigt. Ich hielt es daraufhin für angebracht, anzurufen und sie wissen zu lassen, daß dies keineswegs der Fall sei, ich vielmehr ihres damaligen Verhaltens wegen das Gefühl hatte, mich zurückziehen zu müssen, auch der merkwürdigen Geschichten wegen, die über mich in Umlauf gebracht worden waren. Nach diesem versöhnlichen Anruf, den ich mit leichtem Herzen tätigte, spürte ich sofort, daß zwischen uns eine ganz neue, bessere Schwingung herrschte. Und auch die beiden freuten sich so sehr, daß wir uns so bald wie möglich trafen, um uns daraufhin während meines etwa dreimonatigen Aufenthaltes regelmäßig zu sehen.

Wie mir mein inneres Radargerät bereits beim ersten Telefonat signalisierte, hatten die beiden tatsächlich eine merkliche Aufwärtsbewegung innerhalb ihrer Entwicklung getan, ebenso wie ja auch ich zwischenzeitlich einiges an Einsicht dazugewonnen hatte. Ein fruchtbarer Nährboden für ein besseres gegenseitiges Verstehen und Austauschen war entstanden. Sie konnten jetzt auch mich und meine entsagenden Prinzipien, die ihnen seinerzeit etwas zu einseitig und fanatisch vorgekommen waren, weitaus besser einordnen. Irgendwann gaben sie einmal unumwunden zu, daß sie in der Tat gewissen Fehlinformationen über mich aufgesessen waren.

Ihre Aura, das Fluidum, das sie umgab, war ganz entschieden erhellt und erweitert, und die Störungen beiderseits waren überwunden und vergessen. Eine noch fröhlichere gelöstere und unbeschwertere Beziehung zueinander war entstanden. In der Zwischenzeit, so berichteten sie glücklich, hatten ihre heilerischen Kräfte durch ihre Geistführer zusätzliche Impulse erfahren, und es gelang ihnen – in ihren Gruppen sowie in Einzelsitzungen –, allen, die physische Hilfe suchten oder durch irgendwelche psychischen Blockaden behindert waren, durch ihre Praktiken einen neuen Weg zu weisen und esoterische Impulse zu vermitteln.

Ihre Kurse und Heilungsseminare, diese Anleitungen zur Selbsthilfe, waren mehr und mehr gefragt. Für mich war dies ein eindrucksvolles Beispiel, wie spirituell erwachte Menschen, die sich dazu aufgerufen fühlen, anderen Suchenden ein bewußteres, sinnvolleres und auf dem ganzheitlichen Aspekt erfahrbares

Lebensmuster ermöglichen können. Und auch daß sie weiterhin im beruflichen Leben erfolgreich tätig waren und daneben gezielt und mit vollem Einsatz diesen Auftrag erfüllten, ließ und läßt in ihnen seelische Kräfte frei werden, die sie sicherlich auch weiterhin beflügeln.

Natürlich wurde bei unseren Unterhaltungen auch über die strittige Frage gesprochen, ob sie all diese dienenden Funktionen weiterhin ohne jegliches Honorar ausführen sollten. Denn es gehört ja zu den bewährten Regeln des irdischen Daseins, daß man nicht nur nehmen, sondern auch geben soll, damit sich eine Sache fruchtbar entwickelt. Deshalb ermunterte ich sie, nach solchen gelungenen Kursen durchaus Spenden anzunehmen, diese aber an irgendeine Wohltätigkeitsorganisation weiterzuleiten, so daß die Geheilten durch diese Spende zusätzlich noch spirituellen Nutzen erfahren könnten.

Helmi und Gabi versuchten mir auch klarzumachen, daß ich über weit mehr mediale Fähigkeiten verfügen würde, als mir selbst bewußt sei, und schlugen vor, diese brachliegenden energetischen Felder doch mit Hilfe feinstofflicher Übungen – wie Chakra-Atmen und Visualisierungen – in regelmäßigen gemeinsamen Sitzungen zu aktivieren und weiterzuentwickeln.

Zunächst war mir nicht ganz klar, ob dies nun vielleicht wieder eine Falle sein könnte, die neue Gefahren für mich bereithielt. Aber weil mir schon von anderer Seite wiederholt nahegelegt worden war, mich ruhig mehr auf meine offensichtlichen medialen Fähigkeiten zu verlassen, mehr auf sie zu hören und sie doch möglichst zu kultivieren, nahm ich das als erneuten Hinweis, um ganz unvoreingenommen einmal eine solche Übungssitzung mitzumachen. Einfach um zu sehen, was dabei passiert. So kam es, daß wir jeden Sonntagnachmittag, nach Kräutertee und Erfahrungsaustausch, durch ihre bewährten und hinlänglich erprobten Meditationstechniken über Geburt und Tod hinaus in einige meiner früheren Existenzen eindrangen. Erfahrungen, die mir wieder einiges mehr über sich und meine Intentionen verständlich machten und mich anspornten, aus den Schatten heraus mehr und mehr ins Licht zu treten und möglichst in diesem Leben noch die Vollkommenheit erreichen zu wollen.

Wenn ich nun diese Rückführungs-Experimente mit den mir zur Verfügung stehenden Vokabeln zu schildern versuche, bitte ich um Nachsicht, denn meine Worte reichen keinesfalls aus, um diese kosmischen Allerlebnisse wiederzugeben. Vor allem, wenn jemand solcherlei Reisen durch die Zeit noch nicht an sich selbst erfahren hat, wird er nicht alles verstehen. Erstaunlich für mich war, wie völlig unspektakulär und »normal« sich diese Erlebnisse zeigten. Ich erfuhr, daß dies die gleiche Realität ist wie ein deutlicher Traum, die Erinnerung an meine Kindheit und Jugend oder eine Begebenheit von heute früh. Und verblüffend war auch, daß ich all diese Situationen weniger »sah« als vielmehr »erlebte«. Ich durchlebte diese Begebenheiten abermals mit solch emotionaler Deutlichkeit, wie Schmerz, den ich empfinde, wenn ich mir jetzt in den Finger schneide. Ich habe mich natürlich ganz bewußt und sehr gut vorbereitet auf dieses etwas dünne Eis der Reinkarnations-Wissenschaft begeben, denn ich weiß ja längst mit Sicherheit, daß ich schon wiederholt in anderen Daseinsformen gelebt habe. Und auch in der *Bhagavadgītā* kann man im 2. Kapitel lesen: »So wie die verkörperte Seele in diesem Körper fortgesetzt von Kindheit zu Jugend und zu Alter wandert, so geht sie beim Tod in ähnlicher Weise in einen anderen Körper ein. Ein besonnener Mensch wird durch einen solchen Wechsel nicht verwirrt.« Laut den vedischen Schriften geht die Seele gemäß dem Bewußtsein ihrer feinstofflichen Hülle (bestehend aus Geist, Intelligenz und »falschem Ego«), in der wie im Leben alle Impressionen enthalten sind, von Körper zu Körper. Deshalb betrachte ich auch die folgenden Beispiele mit skeptischer Distanz, weil mir durchaus bewußt ist, daß bei Experimenten dieser Art Phantasie, Erinnerung, Wunschdenken und Traum nahtlos ineinanderfließen.

Den jeweiligen Rückführungen ging zunächst ein Ritual als abwehrende Evokation voraus, und nach Entspannung und Lockerung folgte gemeinsames tiefgreifendes Chakra-Atmen.

Worauf mit der anschließenden gebetsähnlichen Formel die feinstofflich hohe Hierarchie angerufen und gleichzeitig dafür gesorgt wurde, daß negative Kräfte ausgeschaltet blieben. Da ich es war, die auf die Reise geschickt werden sollte, stand Helmi hinter mir, um mich durch eine verbal geführte Meditation in einen anderen Schwingungszustand zu versetzen. Das war allerdings keineswegs hypnoseartig, ich war im Gegenteil geistig völlig anwesend, ja von geradezu angespannter Wachheit und offener Aufmerksamkeit. Es war mehr ein Abheben in einen schwer zu beschreibenden, veränderten Zustand, wohl auf die Alpha-Ebene. Es gelang mir rasch, »über den Wolken« zu schweben und in diesen grauen Zwischenbereich zu gelangen, von dem aus durch gezielte Fragen und sanfte Führung die eigentliche Reise beginnt.

Ich wollte nach Budapest. War dort. Und konnte alles leicht erkennen, weil mir ja die heutige ungarische Hauptstadt seit meinem monatelangen Aufenthalt dort anläßlich von Dreharbeiten einigermaßen vertraut ist. Diesmal gab es auf dem Platz vor der Kettenbrücke keinen Sowjetstern aus bunten Blumen, es erinnerte mich alles vielmehr stark an alte Schwarzweißfilme vor der Jahrhundertwende. Ich erlebte, wie ich in eleganter altertümlicher Kleidung auf ein großes Theater zuging, das wunderschöne, großzügige, feudale Foyer mit der riesigen Freitreppe betrat, und schon fand ich mich in einer Loge des Zuschauerraumes mit viel rotem Plüsch wieder. Sah mich auf der Bühne stehen; in Rokokogewandung mit hoher weißer Perücke gelassen den Applaus entgegennehmend. Die Bilder tauchten ziemlich schemenhaft auf. Ich bin auch bei dieser ersten Rückführung noch nicht fähig, an mir herunterzusehen und erlebe erstaunlicherweise alles halb als Zuschauer, halb als Akteur. Und pausenlos denke ich: Ist das vielleicht alles nicht doch nur Einbildung, sehe ich diese Szenerie nur vor mir, weil ich bereits gewisse Ahnungen über mein letztes Vorleben habe?

Nach dieser Premiere komme ich – nicht sonderlich ergriffen – bald wieder in die Gegenwart nach Düsseldorf zurück. Aber am darauffolgenden Sonntag setzten sich bei unserer nächsten Sitzung diese Bilder fort: Ich sehe mich auf die Wiener Hofburg zugehen. Und diesmal kann ich mich und meine Umgebung schon genauer beschreiben, bin wesentlich beteiligter am Szenenablauf. Ich trete durch eine Tapetentür, um an einem bereits gedeckten Teetisch Platz zu nehmen, wo der alte weißhaarige Kaiser Franz-Joseph, von mir »Franzl« genannt, mich sehr liebevoll und vertraulich begrüßend, bereits – in Uniform – auf mich wartet. Ich komme oft hierher, das empfinde ich deutlich. Wir unterhalten uns, aber ich kann nur den Sinn, nicht den genauen Wortlaut wiedergeben. Diesmal bin ich »die Schratt«, werde auch als »Kathie« angesprochen. Also jene bereits historische Figur, die als »Frau zur Linken« die Nachfolgerin Kaiserin Elisabeths und anerkannte Geliebte des Kaisers war. Während mir dies alles gegenwärtig ist, gibt es allerdings keinen dramatischen Augenblick, auch keine traumatischen Konfliktsituationen. Es kommt mir so vor, als ob mit diesen harmlosen Szenen die bereits aufgestellte Behauptung dieser Existenz hier noch einmal von ganz anderer Seite bestätigt werden soll.

Bei der zweiten Sitzung tauchten dann auch noch ganz andere Bilder auf. Ich sah mich in einem Kloster, in das ich mich zeitweilig immer wieder zur Klausur zurückgezogen hatte. Dabei erlebte ich auch, wie ich in einer Zelle dieses Klosters starb. Ein sanfter und leichter, wunderbar lichtvoller Übergang.

Leider tauchte bei all diesen Rückführungsbildern weder meine Konfliktsituation zu Andreas als klärender Fixpunkt auf, noch war die Wechselwirkung zu meinen Eltern oder anderen Menschen, die mir etwas bedeuten, zu erfahren. Was ich aber bei diesen Reisen während des Sterbevorgangs und den jeweiligen Jenseitsaufenthalten erlebte, war immer ein Durchdrungensein von einem wunderbaren Gefühl der Liebe und Geborgenheit. Nebst dem gleichzeitigen sicheren Wissen darüber, mein »Ziel« noch nicht erreicht zu haben.

Bei einer der nachfolgenden Sitzungen sah ich mich als kleines Mädchen, das an der Hand einer männlichen Person, die ich nur bis zur Hüfte erkennen konnte, vor dem bereits bekannten Kloster steht. Die Pforte wird geöffnet, und ich werde mit den freundlichen Worten: »Na, da bist du ja, Kleine!« von einer älteren Nonne begrüßt. Ich sehe an mir herunter: Ich trage Spangenschuhe, weiße Kniestrümpfe und einen dunkelblauen Mantel. Dunkle Zöpfe reichen mir bis zur Taille. Unendliche Sehnsucht nach meiner Mutter überfällt mich plötzlich, läßt mich in laut schluchzendes Kinderweinen ausbrechen. Ich habe keine Eltern mehr, deshalb werde ich wohl in dieses Kloster gebracht. »Na komm, Kleine«, sagt die liebenswürdige Schwester und führt mich ins Innere. Die jetzt nacheinander ablaufenden Bilder dieser Existenz sind ganz kosequent. Ich erlebe mich als junge Nonne in weißer Tracht. Anscheinend habe ich mich mit meinem christusgeweihten Leben sehr gut abgefunden, denn ich bin glücklich. Ich sehe mich weiter als bebrillte Lehrerin in schwarzweißer Nonnentracht vor einer Mädchenklasse unterrichten, anscheinend Biologie als Fach. Ich deute nämlich mit einem Stock auf eine große bunte Bildertafel mit verschiedenen Pflanzen und Blumen. Alles ist sehr hell, freundlich und äußerst harmonisch.

Als interessante Entsprechung dazu fiel mir anschließend an diese Inkorporation ein, daß mir seinerzeit Hans von Borsody nach Beendigung unserer ungewöhnlichen »Geh zum Teufel mein Engel«-Tournee einen wunderschönen Bildband mit solchen Pflanzen aus »Schwester Bernhardines Naturapotheke« geschenkt hat, weil mich das sicher interessieren würde, wie er meinte. Damals hatte ich beim begeisterten Studium dieser Bildtafeln allerdings nur ein sehr interessiertes und gleichzeitig vertrautes Gefühl, das ich erst heute, nach meiner Sensibilisierung gegenüber solchen Konfrontationen, als Déja-vu-Erlebnis oder Wiedererkennungseffekt einstufen würde.

Bei einem meiner regelmäßigen Klosterkapellen-Besuche während dieser Inkorporation – ich sitze dabei immer rechts vorne, unmittelbar vor einem ganz besonders schönen Christus am Kreuz, genau ihm zu Füßen – erlebe ich dann, wie ich sterbe. Sehe meinen kleinen verhutzelten, alten Körper in der schwarzen Tracht mit der überdimensionalen Haube vornübergebeugt auf der Gebetsbank knien. Eine lichtvolle Gestalt hebt mich behutsam auf und trägt mich auf ihren Armen wieder diese schon bekannte Straße entlang, dem immer heller und strahlender werdenden, blendenden Licht entgegen. Was ich denn glaube, noch erreichen zu müssen, werde ich gefragt. »Demut«, höre ich mich antworten. »Ich war nicht demütig genug in diesem Leben und habe auch nicht ausreichend gedient, war meinen Mitmenschen gegenüber viel zu stolz und hochmütig.« Und im selben Augenblick wird mir klar: Ich muß wieder »zurück«, um es besser zu machen...

Übrigens bin ich an jenem besagten Kloster, in dem ich anscheinend einmal lebte, schon einmal vorbeigefahren, dessen bin ich ganz sicher. Damals schlug es mir fast das Steuerrad aus der Hand, so stark war der emotionale Schock, den ich zu dieser Zeit überhaupt nicht einzuordnen wußte. Leider hatte ich nicht die Möglichkeit anzuhalten, aber sobald ich wieder in diese Gegend komme, werde ich meine Forschungen fortsetzen und das Kloster besuchen.

Bei diesen Reisen durch die Zeit erlebte ich auch weiter zurückliegende Existenzen, kehrte aber immer ganz unbeschwert wieder in die Gegenwart zurück, höchstens noch etwas beeinflußt vom eben Erlebten. Empfand lediglich eine gewisse körperliche Anstrengung, oft auch ein unangenehmes Kälte- oder starkes Hungergefühl. Zugleich fühlte ich aber auch, daß sich durch diese unbeschreiblichen Vorgänge, innerhalb dieser verschieden Zustände, anscheinend doch gewisse Entstauungen einstellten. So, daß ich schubweise durch Emotionen gewisse Verkrampfungen auflösen konnte.

Aber es war nicht so, daß das, was ich da vor meinem geistigen Auge noch einmal – teilweise minutiös oder in rasch vorüberfliegenden Bildern – erlebte oder an mir vorbeiziehen sah, mich zutiefst erschüttert hätte. Mein kosmisches Verständnis war offensichtlich bereits doch dergestalt, daß sich alles, was ich bei diesen Sitzungen durchlebte und womit ich konfrontiert wurde, geradezu spielerisch in mein Bewußtsein einfügte. Es gibt ja auch Zustände, wie etwa beim Fasten oder innerhalb gewisser transformativer Verwirklichungen, von denen Gereifte gewisse Eigenerinnerungen erfahren können, wo durch kosmische Mitteilungen des Schutzgeistes (der ja die Akasha lesen und deuten kann) Wissen über Präexistenzen empfangen wird. Dies, so sagen die Weisen und Wissenden aus allen spirituell-religiösen Lagern, geschieht keinesfalls, um das Selbstwertgefühl des Schülers auf dem Pfad zu bestärken, sondern vielmehr aus genau gegenteiligem Grund, nämlich um seine demutsvolle Haltung beim Langzeitprogramm seiner Rückkehr zur Vollkommenheit und somit zurück zu Gott – heraus aus dem Rad des Todes und der Wiedergeburt – zu beschleunigen. Und um alle noch vorhandenen Verhaftungen vollends abstreifen zu können.

Bei meinen Pilgerreisen in Indien hatte ich ja von Anfang an dieses so unsagbar wohltuende Gefühl der Heimkehr und Vertrautheit mit Land, Leuten und Klima. So war es auch nicht weiter verwunderlich, daß ich mich in einer anderen Existenz als Mönch in Tibet erlebte. Das begann damit, daß ich einen Berg bestieg. Mühsam, obwohl ich sehr jung war. Ich kann mich nicht erinnern, jemals eine solche körperliche Schwere empfunden zu haben. Ich hielt es kaum noch aus. Und plötzlich kam mir der Gedanke: Das ist so, weil ich in großer Höhe bin, mein Körpergewicht lastet wegen des geringen Luftdrucks so schwer auf mir. Ich will einen *sālagrāma-śīla* (eine Selbstmanifestation des Höchsten Herrn in Steinform) finden, deshalb bin ich hier oben. Aber ich finde keinen. Warum? »Ich bin noch nicht rein genug«, höre ich mich sagen, »noch nicht fähig, diese Art der Bildgestalten-Verehrung auszuführen.« Also schreibe ich wieder alte Texte von kleinen Tafeln auf Papierrollen ab. Manchmal in einem kargen Raum, manchmal im Klosterhof auf dem Steinboden sitzend, unter freiem Himmel. Und dann bin ich auf einmal Reisbauer mit Familie, bin also nicht im Kloster geblieben. Wir sind arm, aber zufrieden. Und dann sitze ich mit freiem Oberkörper allein vor einem Feuer in einer Höhle. Alt, nur noch Haut und Knochen. Mit fadendünnem weißen Bart. Und plötzlich wird mir heiß. So heiß, daß ich es kaum aushalte und auf meinem Stuhl hin- und herzurutschen beginne. »Puh, mir ist so heiß, ich verbrenne«, keuche ich, und schon gehe ich wieder jene Straße entlang, dem starken Lichtschein entgegen. Und rufe lachend aus: »Ach, da ist er ja wieder!« Denn er steht tatsächlich da, in seiner herrlich lichten Erscheinung, nimmt mich liebevoll in Empfang, klopft mir auf die Schulter, als wolle er sagen: »Na, altes Haus, wie war's denn diesmal?« Ganz offensichtlich kennt er mich. Und zwar genau. Ich habe selten ein so allumfassend-liebevolles Gefühl empfunden. Wir umarmen uns, was allerdings eher einem kurzen lichtvollen Ineinanderverschmelzen gleicht, bevor ich mich wieder »auf den Weg« mache...

»Klar«, meinte Gabi bei der anschließenden Interpretation, »du hast als dieser Einsiedler oder Yogi damals deinen Körper selbst entzündet, was nichts Ungewöhnliches war. Oder bist ins Feuer gegangen, um den Körper auf eigenen Wunsch zu verlassen. Überraschend war für mich lediglich, daß nicht etwa Buddha dich begrüßt hat, sondern wieder Christus, das fand ich ungewöhnlich.«

Und immer wieder tauchten neue Aspekte der bereits bekannten Existenzen auf. So sah ich mich beispielsweise noch einmal als Katharina Schratt in einer Wiege liegen. Opulent wie dieses Bettchen war auch der ganze Raum mit schweren Fallgardinen und erlesenem, aber völlig überladenem Mobiliar. Hinter weiß duftigen Tüllschleiern sah ich mich als Baby thronen. »Mein Gott bin ich ein fettes Kind«, hörte ich mich amüsiert-entsetzt ausrufen. Und schlußfolgerte natürlich sofort, daß ich ja auch in meiner heutigen Körperform sehr dazu neige, molliger zu sein, als mir lieb ist, und nur durch strikte Disziplin und steten Kampf dieser – mir geradezu extrem unliebsamen – Anlage begegnen kann.

Von einer außergewöhnlichen Zeitreise während unserer letzten Sitzungen möchte ich abschließend, ihrer Besonderheit wegen, gerne noch berichten. Ich muß dazu sagen, daß wir uns ganz allgemein bei diesen Inkorporationen nicht um irgendwelche Zeitangaben kümmerten, wann sich etwa diese Vorleben abgespielt haben könnten. Soweit ich informiert bin, ist dies auch bei den in unseren Landen oder in Amerika seit Jahren erfolgreich praktizierenden Reinkarnationstherapeuten nicht unbedingt üblich. Weil es vor allem darum geht, zu den einst ausgelösten traumatischen Schädigungen vorzudringen, um sie mit Hilfe einer gezielten, ethisch fundierten Abfragetechnik in Zusammenarbeit mit dem Rückgeführten allmählich aufzulösen.

Bei dieser ganz besonderen Vision sah ich mich, umgeben von eigentümlich graphischem, geradezu archaischem Felsgestein, zwischen ziegelrot- und ockerfarbenen Klüften auf eine bühnenartige Erhöhung zugehen, auf der eine hochgewachsene, königlich edle, männliche Gestalt bereits auf mich wartete. Sie sah aus, wie ich mir einen Hohepriester vorstelle, sehr stilvoll – ebenfalls streng graphisch – ganz in Altgold gekleidet, die Hände in den weiten Ärmeln des kaftanartigen, bodenlangen Gewandes verschlungen. Während ich noch auf diese Gestalt zuging, sah ich an meinen gebräunten, ganz deutlich mit blondem Flaum bedeckten Beinen hinunter auf meine goldenen Sandalen. Meine weiße faltenreiche Tunika endete kurz oberhalb der Knie, war in der Taille mit einem schmalen Goldband zusammengehalten und ließ eine Hälfte der ebenfalls zart behaarten männlichen Brust frei. Meine blonden Locken berührten fast die Schultern und wurden gleichfalls von einem reifähnlichen Goldband, das ich ertasten konnte, aus der Stirn gehalten. Dann kam es mir noch so vor, als hätte ich... aber das erwähnte ich zunächst nicht vor Gabi und Helmi, es kam mir zu albern und absurd vor.

Die wartende Gestalt empfing mich warm, aber mit autoritärer Strenge, was ich durch eine deutliche Schwingung, nicht durch Worte, wahrnehmen konnte. Wir kannten uns gut. Ohne seine Haltung zu verändern, nur mit einem leichten Seitwärtsneigen seines goldbehelmten Kopfes, ging er mir durch die sich teilenden Felsquader voraus, bis zu einem Raum, wie ich ihn ähnlich schon im Traum gesehen habe; der Kommandozentrale einer Raumstation nicht unähnlich. Ich wurde zu einem großen

Tisch, dessen Platte aus einer überdimensionalen Karte zu bestehen schien, in der Mitte dieses Raumes geführt. Mein Vorgesetzter unterwies mich wieder, ohne dabei Worte zu gebrauchen. Er zeigte mir, wo ich mich als nächstes hinzubegeben hätte. Denn es ist nicht das erste Mal, daß ich so ausgesandt werde.

Auf Gabis Frage, wo ich denn hinginge, hörte ich mich »nach Kreta« antworten. Und sah mich auch schon deutlich auf eine im Meer herausragende festungsähnliche Anlage zubewegen. Überquerte mühelos die hohe Umfriedung. »Ach«, fragte Gabi beiläufig, »du kannst so ohne weiteres über diese Mauer?«

»Na klar«, erwiderte ich schmunzelnd, »kein Problem, ich fliege doch. Ich habe doch wunderschöne, lichtschein-weiße Flügel; ich wollte das vorhin nur nicht sagen, es kam mir zu komisch vor. Aber jetzt läßt es sich wohl nicht mehr umgehen, es zuzugeben.«

Ich mußte jemanden abholen. Diese weibliche Gestalt lag halb aufgerichtet auf einer Liege, in einer überirdisch-schönen Gartenanlage zwischen Blumen am Rande eines Wasserbeckens aufgebahrt. Und in dem Moment, in dem ich sie aufnahm, um mit ihr auf dem Arm diesen harmonischen Ort zu verlassen, war ich wieder zurück in der »Kommandozentrale«. Offenbar schien es meine Aufgabe zu sein, Verstorbene abzuholen und eine kurze Strecke während ihres neuen Aufenthaltes in dieser Sphäre irgendwohin zu bringen. Ich war mit dieser Aufgabe vertraut und heiter und zufrieden dabei. Es schien, als wäre ich seit längerer Zeit mit diesem Botendienst beschäftigt.

Später, zurück im Hier und Jetzt, bei der anschließenden Interpretation dieses für mich ungewöhnlichen Erlebnisses, wurde ich von meinen Therapeutinnen belehrt, daß ihnen ähnliche Zustände aus Jenseitsebenen bei anderen Rückgeführten ebenso wie aus eigenen Inkorporationen durchaus vertraut wären. Diese Art »Schutzgeist-Funktion«, Verstorbene zu einem bestimmten Ort zu bringen, wird übrigens von der modernen Jenseits- und Sterbeforschung (Dr. Kübler-Ross, Dr. Moody) ebenfalls beschrieben. Wobei in diesen Fällen, da die Beteiligten ja nur scheintot waren und wieder auf die Erde zurück mußten, große Wandlungen oder eine Erweckung ihrer spirituellen Natur erfahren haben.

Es ist nach diesen – aus einem unbewußten Gedächtnis abgerufenen – fast immer religiös orientierten Daseinsformen ziemlich naheliegend, daß ich mich auch in meiner jetzigen Existenz – wenn auch nach gewissen Umwegen – wieder unbeirrbar zu meinem alten Lebensmuster bekannte. Und mich als Kämpferin für die lichte Seite sowie gottbewußtes Leben auf den Weg zur Vervollkommnung gemacht habe. Anfechtungen und Anfeindungen werde ich dabei genauso überstehen wie alle anderen, die mit mir auf dieser Straße sind.

Hoffentlich ist durch meine Schilderung dieser so vielschichtigen äußeren und inneren Erlebnisse dennoch erkennbar, aus welchen Gründen und religiös-gepolten Gesichtspunkten meine spirituelle Erweckung in diesem jetzigen Leben eine so übergeordnete Rolle – unabhängig von den Forderungen unserer sinnlich sichtbaren Welt – für mich einnimmt.

Die hier so selbstverständlich eingebrachte Lehre von Karma und Wiedergeburt, mit ihrem Gesetz von Ursache und Wirkung, wird oft mit dem Scheinargument angefochten, daß es damit nichts auf sich haben könne, weil ja die betreffenden, immer wieder auf die Welt kommenden Menschen an ihre Vorleben keinerlei Erinnerung hätten und somit auch nicht wüßten, wofür sie bestraft würden, beziehungsweise weshalb Bestrafung nötig sei. Doch dies ist eben nur teilweise richtig. Denn im Unterbewußtsein sind alle vergangenen Begebenheiten, sämtliche wichtigen Ereignisse – auch aus unseren früheren Existenzen – vollständig gespeichert. Und zugleich wird auch die ungelöste Lebensproblematik, über erdgebundene Energien, als Synchronisation noch einzulösender Schulden im Unter- und Überbewußtsein wirksam.

Alle großen Meister und Religionsstifter, alle Weisen und Seher sagen, daß es dieses jetzige Leben, diese Existenz in der wir uns befinden, sei, die am wichtigsten für uns ist, weil wir sie als

Resümee und Quintessenz früherer Ereignisse zu begreifen hätten. Daß es das Bewährungsspiel dieses Daseins ist, mit dem wir uns auseinanderzusetzen hätten, selbst wenn es einem, so wie mir, ermöglicht wurde, zurückzusehen, um gewisse Augenblikke dieser individuellen Seelenwanderung noch einmal betrachten zu können. Was allerdings ohne jede Selbsterhebung zu geschehen hat, sondern einzig zu dem Zweck, die Rückstände, Schädigungen und Fehlverhalten aus vergangenen Leben vollends zu korrigieren und aufzuarbeiten. Um innerlich weiterzuwachsen auf dem Pfad zurück zur Vollkommenheit, zurück zu Gott.

Wenn es mir mit diesen Aufzeichnungen und Bekenntnissen gelungen ist, einen Widerhall auszulösen, wenn auch nur ein kleiner Funke überspringt, der einen Suchenden inspiriert oder ein Stückchen voranbringt auf seinem Weg, so sehe ich mein Bemühen als gelungen an. Denn das ist ja der eigentliche Grund, warum ich das alles zu Papier gebracht habe.

harer nāma harer nāma
harer nāmaiva kevalam
kalau nāsty eva nāsty
eva nāsty eva gatir anythā

In diesem Zeitalter des Kali gibt es keine andere Möglichkeit für spirituelle Vollkommenheit als die Glorifizierung des Herrn durch das Chanten Seines Heiligen Namens. Es gibt keinen anderen Weg, es gibt keinen anderen Weg, es gibt keinen anderen Weg!

Brhan-naradiya Purana

BESONDERE BÜCHER

- ○ Regine Busch, **Krach und Krisen in der Partnerschaft**
- ○ Roswitha Stemmer/Heidrun Steuernagel, **So heilt die Seele den Körper**
- ○ Heidemarie Lammert, **Die Quelle der Hoffnung**

- ○ Christiane Rücker, **Schattenspiele zum Licht**
- ○ Roland Arndt, **Leben nach eigener Regie**
- ○ Frederick Bailes, **Lebe schöpferisch**

Der PETER ERD Verlag bietet eine ausgezeichnete Auswahl an besonderen Büchern, Broschüren und Tonkassetten zu den Themen „Positives Denken", „Gesundheit", „Esoterik" und „Neues Management".

Erhältlich in Ihrer Buchhandlung.

Bitte fordern Sie das kostenlose **PETER ERD Journal** direkt beim Verlag an:

PETER ERD

Postfach 75 09 80 · 8000 München 75 · Telefon 0 89 / 7 25 30 04